狙击股票高点

短线卖出时机分析实战

郑　葭◎编著

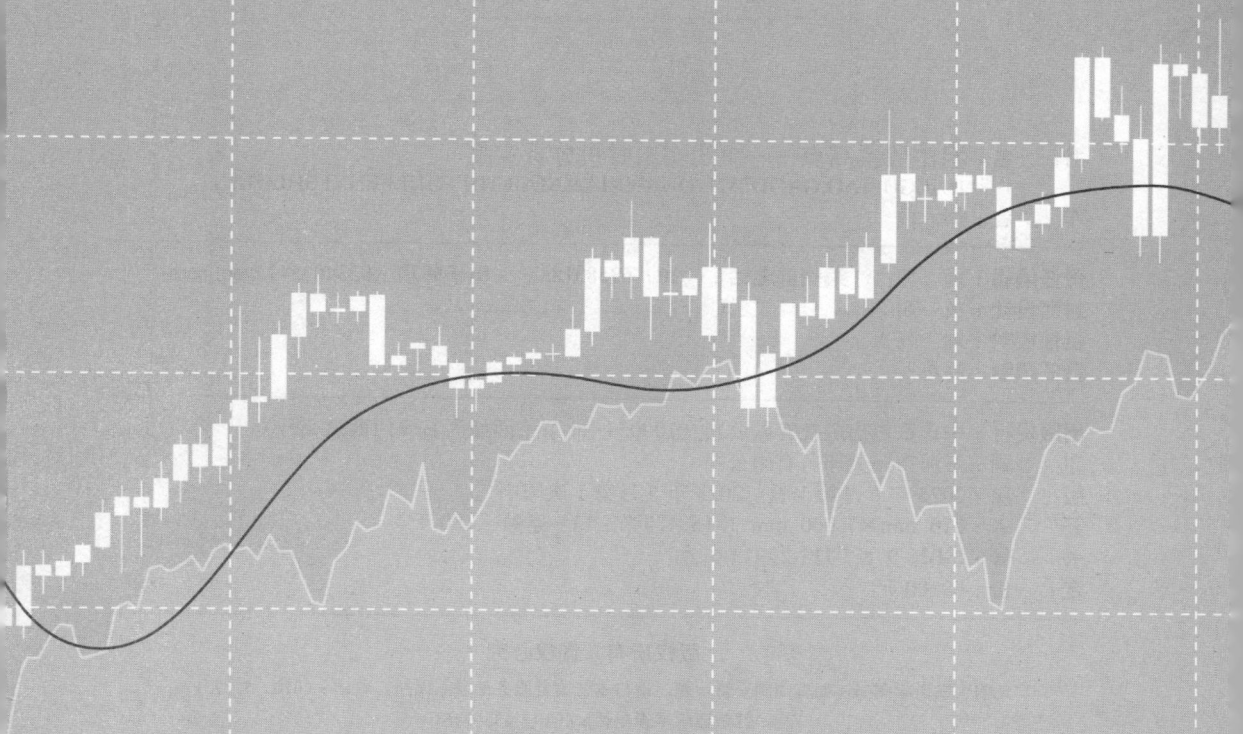

中国铁道出版社有限公司

CHINA RAILWAY PUBLISHING HOUSE CO., LTD.

图书在版编目（CIP）数据

狙击股票高点：短线卖出时机分析实战/郑葭编著. —北京：中国
铁道出版社有限公司，2023.6
ISBN 978-7-113-29973-6

Ⅰ.①狙…　Ⅱ.①郑…　Ⅲ.①股票交易-基本知识　Ⅳ.①F830.91

中国国家版本馆CIP数据核字（2023）第030012号

书　　名：**狙击股票高点——短线卖出时机分析实战**
JUJI GUPIAO GAODIAN：DUANXIAN MAICHU SHIJI FENXI SHIZHAN
作　　者：郑　葭

责任编辑：杨　旭　　　编辑部电话：(010) 63583183　　　电子邮箱：823401342@qq.com
封面设计：宿　萌
责任校对：刘　畅
责任印制：赵星辰

出版发行：中国铁道出版社有限公司（100054，北京市西城区右安门西街8号）
印　　刷：三河市国英印务有限公司
版　　次：2023年6月第1版　2023年6月第1次印刷
开　　本：710 mm×1 000 mm　1/16　印张：13　字数：180千
书　　号：ISBN 978-7-113-29973-6
定　　价：69.00元

前言

　　股市中的投资者千千万万，每个人因为性格的不同、风险承受能力的差异，或是资金量的不同，其操作策略也非常多样化。

　　根据持股时间和买卖频率的不同，可大致将投资者划分为短线投资者、中线投资者和长线投资者。其中，短线投资者就是属于快进快出，买卖频繁的一类。

　　既然要快进快出，那么短线操作对买卖点的选择就会比较严苛。其中，对卖点的选择尤为重要，它是投资者能否将收益兑现，实现利润正增长的关键。

　　对于卖点的选择不分行情，只要操作得当，无论是在上涨行情还是下跌行情中，都有机会赚取差价收益。

　　上涨行情中主要存在拉升顶部和行情顶部的高位卖点，选择这些卖点进行操作，风险较小，赚取的收益也可能更大；下跌行情中则主要关注反弹顶部及横盘整理过程中波段顶部的卖点。在这些卖点中操作，很多时候都是出于止损的目的，其风险性要高很多，投资者需保持谨慎。

　　为帮助投资者熟悉与掌握这些卖点的操作策略，笔者编著了此书。以K线图与分时图为基础，借助各项指标与理论，来抓住适宜的卖出时机。

全书共六章，可分为三部分：

◆ 第一部分为第 1~2 章，主要对 K 线图及分时图中的特殊卖出形态进行解析，包括 K 线图中的单根 K 线与多根 K 线组合、K 线筑顶形态、K 线反转形态，以及分时图中的股价线见顶形态、与均价线之间的位置关系等，内容基础，可使投资者能轻松理解。

◆ 第二部分为第 3~4 章，从成交量和炒股经典理论入手，介绍了在成交量产生异动时，投资者该如何操作，以及如何根据经典理论来判断合适的卖点。

◆ 第三部分为第 5~6 章，主要介绍了均线及其他常见技术指标的卖出形态，包括 KDJ 指标、MACD 指标及布林指标，有助于投资者从多方面确定卖点。

本书在每一个理论知识后都配有相应的实例分析，包括详细的标注及文字解析，就算是新入市的投资者也能够很好地理解，这也是该书的最大优势之一。

最后，希望所有读者都能从书中学到短线卖点操作的相关知识，在股票市场中实现获利。不过仍然要提醒大家：任何投资都存在风险，入市一定要谨慎。

编　者

2023 年 2 月

目录

第1章　寻找 K 线中的顶部卖点

第 2 章　分时图中分析卖出时机

第3章　成交量异动反映短线见顶

第 4 章　借助经典理论短线做空

第5章　均线变动传递卖出信号

第 6 章　分析技术指标的卖出形态

寻找K线中的顶部卖点

K线是记录股价历史变化的载体，短线投资者在寻找合适的卖点时，对特殊K线形态的研究是必不可少的。无论是单根K线还是多根K线所发出的下跌信号，对短线投资者来说都具有很高的参考价值。

1.1 单根 K 线的特殊卖出形态

K 线由实体和上下影线构成，分别包含了股票在当日形成的开盘价、收盘价、最高价及最低价，不过阴线与阳线的开盘价和收盘价位置有所不同，如图 1-1 所示。

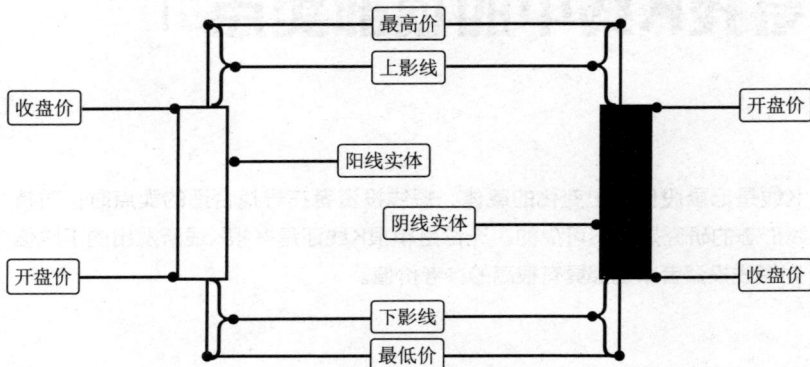

图 1-1　阳线（左）与阴线（右）的基本形态

由此可以看出，股票这 4 个价格的变动会直接影响到 K 线的形态。比如某日股票的最高价就是收盘价，那么这根 K 线就是一根没有上影线的阳线。再比如某日股价的最低价等于收盘价，那么这根 K 线就是一根没有下影线的阴线。

因此，单根 K 线能够表现出的形态还是非常丰富的。当某种特殊形态的 K 线出现在特定位置时，就会传递出短线卖出信号，这就需要投资者特别注意。

1.1.1　顶部的吊颈线

吊颈线指的是股价经过一轮上涨后，在高位出现一根带长下影线且实体较小的 K 线，这根 K 线可阴可阳，传递了明确的卖出信号。一般来说，当吊颈线的实体长度仅为下影线长度的 1/3 或 1/4 时，此时的形态是比较标准的，并且二者之间的差距越大，越具有参考价值，其示意图如图 1-2 所示。

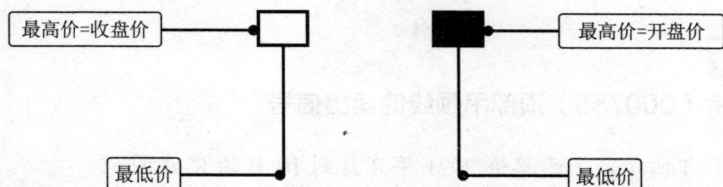

图 1-2 阳吊颈线（左）与阴吊颈线（右）的 K 线形态

出现这样的 K 线形态，可能是股价在当日以平价开盘或大幅跳高、小幅跳低开盘，在后续出现了持续或快速的下跌，但最终又拉高收盘，因此留下长长的下影线和小小的实体，图 1-3 所示是形成阴吊颈线当日的分时走势。

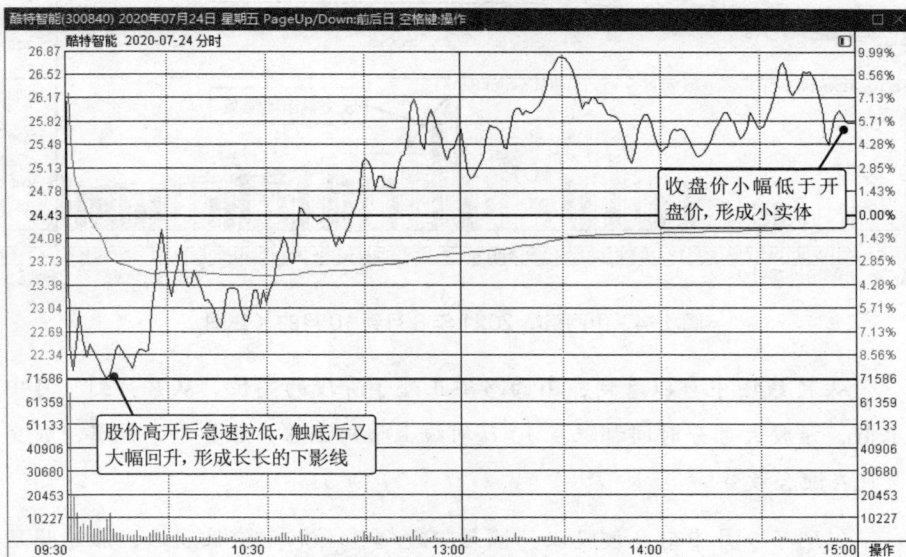

图 1-3 形成阴吊颈线当日的分时走势

这意味着在经历大幅度上涨后，买方推动力不足，而短线获利盘却开始了集中抛售兑现，导致盘中出现强大的抛压，股价难以维持上涨，最终形成阴吊颈线，发出警告信号。短线投资者在接收到信号后，就应该立即跟随卖盘将筹码抛售，从而保住已有收益。

下面来看一个具体的案例。

实例分析

山西路桥（000755）顶部吊颈线的卖出信号

图 1-4 所示是山西路桥 2021 年 8 月到 10 月的 K 线图。

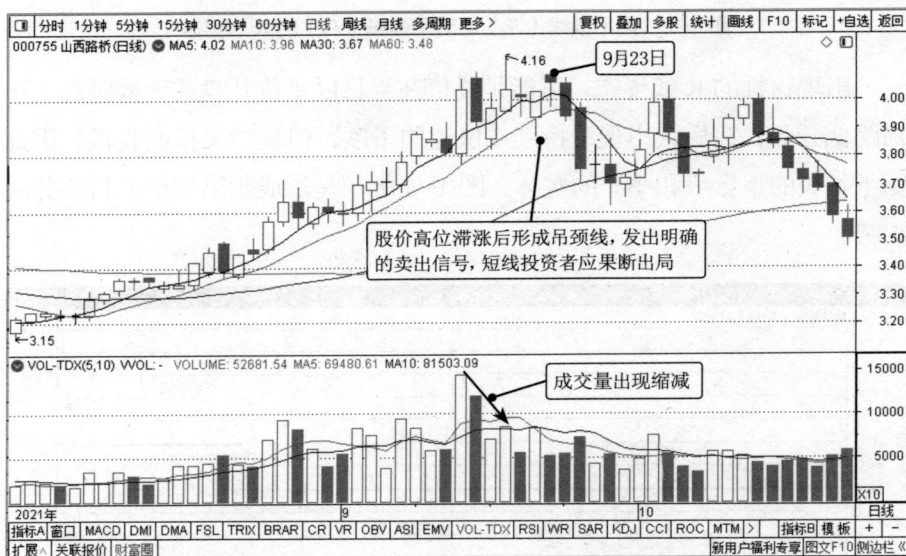

图 1-4　山西路桥 2021 年 8 月到 10 月的 K 线图

从 K 线图中可以看到，山西路桥正处于阶段的高位。从 8 月到 9 月中上旬，该股大部分时间都踩在 10 日均线上收阳上涨，涨势十分稳定，成交量也在配合放量。

但到了 9 月中旬，该股以一根大阳线越过 4.00 元价位线后，涨速明显减缓，并且有横盘震荡的趋势。观察成交量也可以发现，此时的量能已经开始缩减，多方动力不足，短线投资者应该保持警惕。

股价围绕 4.00 元价位线震荡数日后，上冲创出了 4.16 元的新高，后续又回落到 4.00 元价位线附近，进行横向整理。

9 月 23 日，股价再次上冲，但当日在跳空高开后迅速开始了震荡低走，盘中创出 3.97 元的最低价后拐头向上，最终以 0.74% 的涨幅收盘。股价在这天形成了一根带长下影线的小阴线，并且阴线的实体小于下影线的 1/3，吊颈线的形态很标准。

结合股价滞涨的走势及成交量的缩减，投资者基本上可以判断出股价已经达到了阶段顶部，后续即将进入回调。对于短线投资者来说，无论后市还会不会出现上涨，目前都应以卖出为佳，这样才符合短线操盘的原则。

拓展知识　*K 线的收阳（阴）不代表股价一定会上涨（下跌）*

在上面的案例中投资者可以发现，当 K 线收出阴吊颈线时，股价却上涨了 0.74%，二者并不匹配，这是什么原因呢？

其实很简单，股价收阴与收阳的标准在于当日收盘价与开盘价的高低，当收盘价高于开盘价时，当日的 K 线一定是阳线；当收盘价低于开盘价时，当日的 K 线一定是阴线。

而涨跌幅则是当日收盘价与前日收盘价的比较，如果当日收盘价高于前日收盘价，但低于当日开盘价，那么当日的 K 线就是上涨的阴线。同样的，如果当日收盘价低于前日收盘价，但高于当日开盘价，那么 K 线就是下跌的阳线。

1.1.2　高位的射击之星

射击之星与吊颈线的技术形态相反，股价在高位形成一根带长上影线但实体较小的 K 线，这就是射击之星，它同样传递的是卖出信号，其示意图如图 1-5 所示。

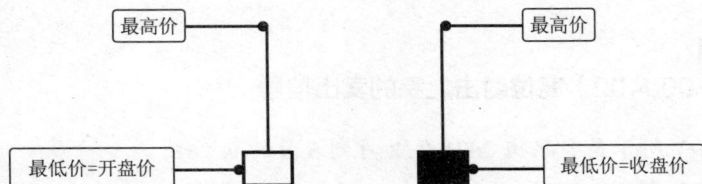

图 1-5　阳射击之星（左）与阴射击之星（右）的 K 线形态

与吊颈线类似，当射击之星的实体长度仅为上影线长度的 1/3 或 1/4 时，此时的形态非常标准，二者之间的差距越大，传递的卖出信号就越强烈。

出现这样的 K 线形态，可能是股价在当日以低价开盘或大幅跳低、小幅跳高开盘，在后续出现了持续或快速的上涨，但最终又拉低收盘，因此留下长上影线和小实体，图 1-6 所示是形成阴射击之星当日的分时走势。

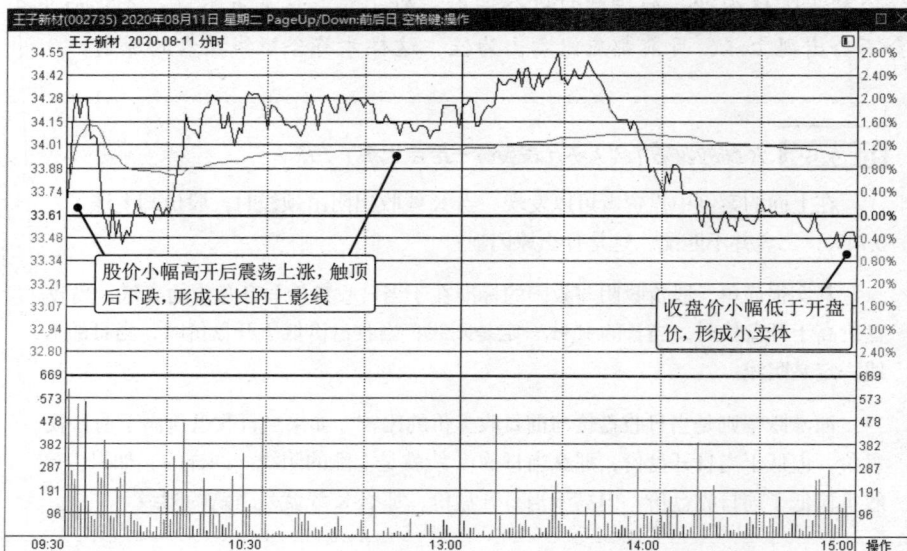

图 1-6　形成阴射击之星当日的分时走势

射击之星形态说明上方有较强的抛压，导致股价难以突破到更高的位置。如果成交量有缩量的背离，那么股价的见顶就比较明显，短线投资者需要及时卖出。

下面来看一个具体的案例。

实例分析

金融街（000402）高位射击之星的卖出信号

图 1-7 所示是金融街 2021 年 2 月到 5 月的 K 线图。

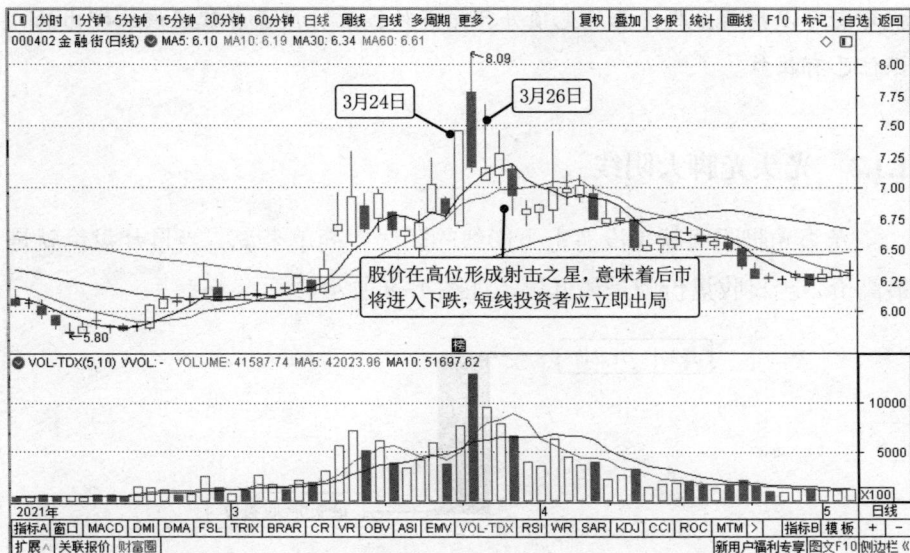

图 1-7　金融街 2021 年 2 月到 5 月的 K 线图

从 K 线图中可以看到，金融街正处于阶段顶部。从 2 月中上旬开始，股价逐步上涨，虽然涨势比较缓慢，但放大的成交量表现出了对股价良好的支撑。

3 月中旬，股价涨至 7.00 元价位线附近后受压回落，进入一段时间的回调，直到 3 月中下旬才再次开始上攻。

3 月 24 日，股价低开后震荡高走，盘中直逼涨停，当日最终收出一根涨停大阳线。但在次日，股价就出现了高开后冲高回落的走势，当日创出 8.09 元的最高价后，最终以 4.02% 的跌幅收盘，形成一根带长上影线的大阴线。

从形态上看，这并不是标准的射击之星，但冲高回落的走势已经提醒了投资者潜在的下跌风险。3 月 26 日，股价小幅低开后再次冲高，但场内抛压较重，压制股价不得不拐头下跌，最终以前日收盘价收盘，形成一根带长上影线的小实体阳线。

从形态上来看，当日形成的上影线远远超过了实体的长度，加上又是在股价高位形成的，属于非常标准的射击之星。结合前一日的冲高回落走势，投资者可以判断出股价已经见顶并开始下跌，此时投资者就应该立即出局，保住已有收益。

1.1.3　光头光脚大阴线

光头光脚阴线就是没有上下影线的阴线。简单来说，当日开盘价就是最高价，当日收盘价就是最低价，如图 1-8 所示。

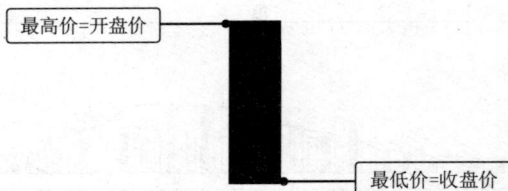

图 1-8　光头光脚阴线 K 线形态

要形成这样的形态，股价从开盘就会开始下跌，并且盘中不会出现超过开盘价的上涨，一路下滑至收盘价时才到最低，图 1-9 所示是形成光头光脚大阴线当日的分时走势。

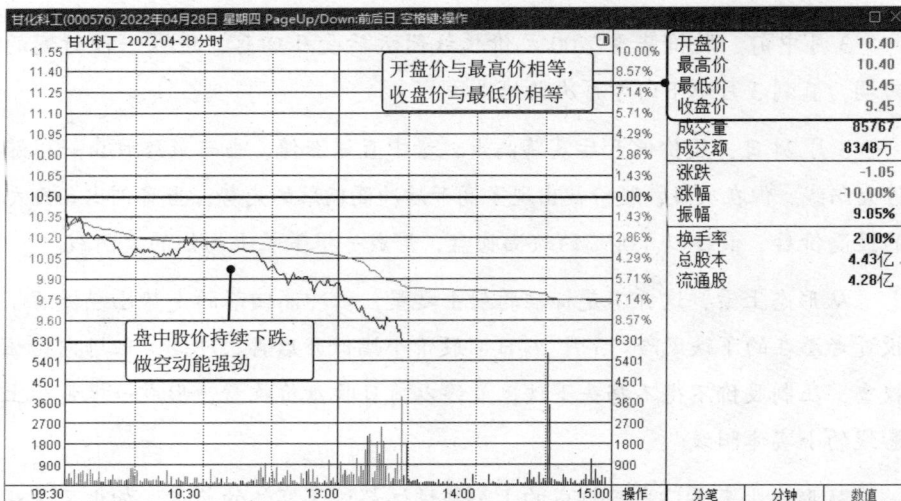

图 1-9　形成光头光脚大阴线当日的分时走势

　　光头光脚大阴线说明市场中的做空力量非常强劲，导致股价跌势持续。投资者如果在下跌过程中或是阶段顶部遇到这样的走势，最好在股价出现大幅下滑前及时出局。

　　下面来看一个具体的案例。

实例分析

*ST 和佳（300273）光头光脚大阴线的卖出信号

　　图 1-10 所示是 *ST 和佳 2020 年 7 月到 11 月的 K 线图。

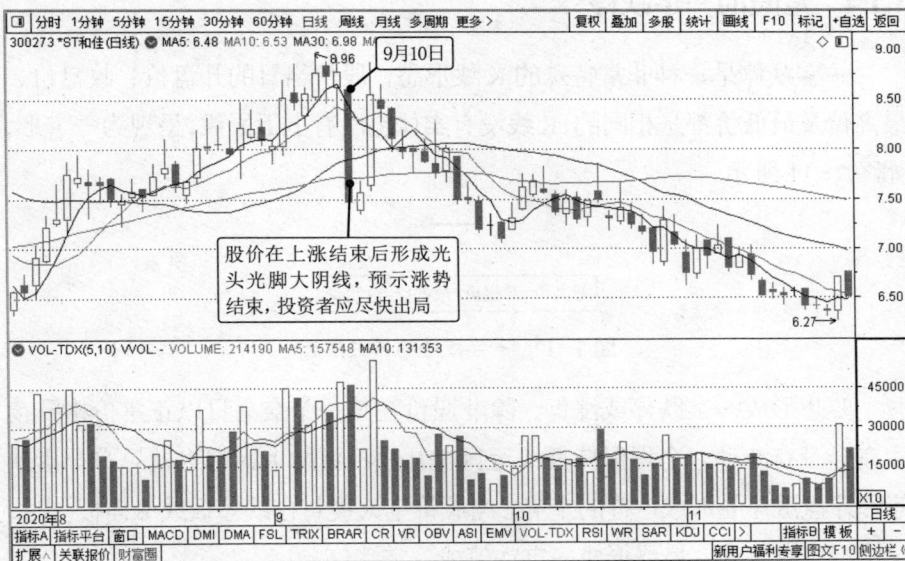

图 1-10　*ST 和佳 2020 年 7 月到 11 月的 K 线图

　　从 K 线图中可以看到，*ST 和佳正处于上涨走势向下转向的过程中。在 8 月初，股价还在快速上涨，随后在 8.00 元价位线下方受到压制后进入了横盘震荡。直到 8 月中旬时，股价才再次向上攀升。

　　在后续的近一个月的时间内，股价在不断的震荡拉升中涨至 8.50 元价位线上方，最终于 9 月初创出 8.96 元的新高后开始回落。

　　9 月 10 日，股价以 8.60 元的低价开盘后震荡低走，盘中一直受到均价线压制，无法形成有效的反弹，最终跌至 7.46 元收盘。可以看到，当日的最高价为 8.60 元，最低价为 7.46 元，分别与开盘价和收盘价相同，当日形成了一根光头光脚大阴线。

在股价上涨见顶回落的过程中出现光头光脚大阴线，意味着股价这一波的涨势即将结束。就算股价在后续可能会形成反弹，但整体来看，空方动能强劲，股价后续不久就会形成一定程度的下跌。因此，短线投资者最好在观察到该形态后就尽快卖出。

1.1.4　危险的一字跌停

一字跌停是一种非常特殊的 K 线形态，股价当日的开盘价、收盘价、最高价及最低价都是相同的，K 线没有实体也没有上下影线，呈现为一字形，如图 1-11 所示。

最高价=开盘价=最低价=收盘价

图 1-11　一字跌停的 K 线形态

要想形成一字跌停或涨停，除非股价在某一个交易日以正常价格开盘后完全没有波动，全程保持直线运行（几乎不可能），那么就只有开盘跌停和开盘涨停能形成这样的走势。当股价全天被封在跌停板或涨停板上时，自然不会有波动，最终形成一字跌停或一字涨停。

一字跌停是一种非常极端的下跌预示，这说明场内多方根本无法反弹，做空力量占据绝对优势，股价跌势比较确定。

当一字跌停出现在下跌过程中，或是股价见顶回落之后，就是强烈的卖出信号。尤其是多个一字跌停接连出现时（这样的状态非常常见），后市的下跌空间将被快速拉大，投资者最好尽快出局，否则未来的跌幅将很难承受。

拓展知识 *处于连续一字跌停中如何逃离*

处于连续的一字跌停中时，投资者很难逃离，因为卖盘上堆积了大量的卖单，少数买盘根本无法消化。再加上价格相同时要遵循时间优先的原则，投资者如果下单稍慢，就可能被排到非常靠后的位置，往往在一个交易日结束后都不能完成交易。

因此，除了尽早挂单，投资者逃离的方式就只有等待开板，在开板的瞬间会消化掉大量卖单，此时就是投资者最佳的离场时机。

下面来看一个具体的案例。

实例分析

鞍重股份（002667）连续一字跌停的卖出信号

图 1-12 所示是鞍重股份 2021 年 9 月到 2022 年 1 月的 K 线图。

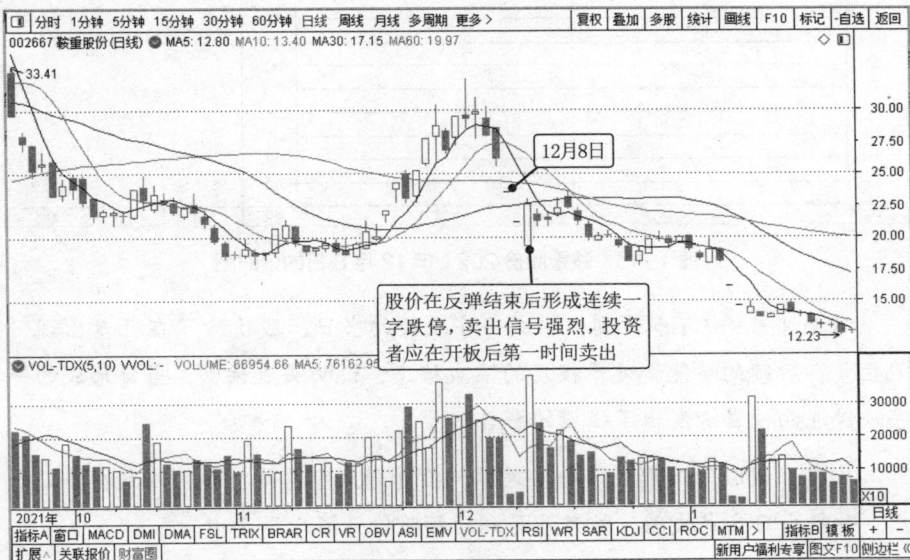

图 1-12　鞍重股份 2021 年 9 月到 2022 年 1 月的 K 线图

从 K 线图中可以看到，鞍重股份正处于下跌行情中。从 2021 年 9 月到 10 月，股价还在震荡下跌，直到进入 11 月，股价跌至 20.00 元价位线下方后受到支撑止跌横盘。

11 月中旬，成交量开始放量，推动股价快速上涨，短时间内就来到了30.00 元价位线附近，随后受到压制拐头下跌。在连续收阴两天后，股价于12 月 8 日形成了一字跌停。

图 1-13 所示是鞍重股份 2021 年 12 月 8 日的分时图。

图 1-13　鞍重股份 2021 年 12 月 8 日的分时图

从图 1-13 中可以看到，形成一字跌停的当日，股价除了在开盘出现一笔巨量，后续的量能都处于极度的缩减状态，说明买盘稀少，当日形成的一字跌停也向投资者发出了强烈的警告信号。

次日，该股依旧形成了一字跌停，投资者只能尽早挂单，以期在当日卖出。如果当日交易失败，就只能等到后续股价开板后再卖出。

从后续的走势可以看到，该股在一字跌停形成后的第三个交易日就开板了，当日量能出现急剧放大，可见卖盘抛售的意愿有多急切。投资者最好迅速跟随出局，不要抱有惜售心理。

1.2　多日 K 线卖出形态如何分析

多日 K 线卖出形态指的是由两根及以上的 K 线构成的特殊看跌形态，相较于单根 K 线，多日 K 线形成的形态要求更高，但信号强度也会更强，是短线投资者需要特别关注的。

1.2.1　高位待入线的卖点分析

待入线由一阴一阳两根 K 线构成，第一根 K 线为大阴线，第二根 K 线为实体向下跳空的小阳线，其示意图如图 1-14 所示。

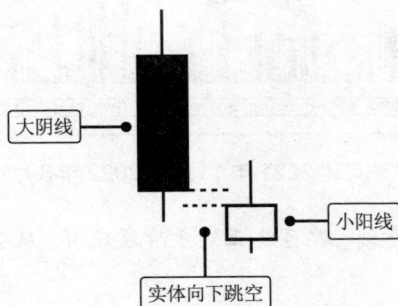

图 1-14　待入线的 K 线形态

在 K 线图中，待入线可能出现在任何位置，但只有出现在特定行情位置时才具有较高的实战价值。

当待入线出现在行情高位或阶段高位，股价从顶部滑落的过程中时，传递的卖出信号尤为强烈。并且阳线与阴线之间的实体缺口越大，发出卖出信号的强度越强，此时短线投资者需立即卖出。

下面来看一个具体的案例。

实例分析
瑞可达（688800）高位待入线定位卖点

图 1-15 所示是瑞可达 2021 年 11 月到 2022 年 3 月的 K 线图。

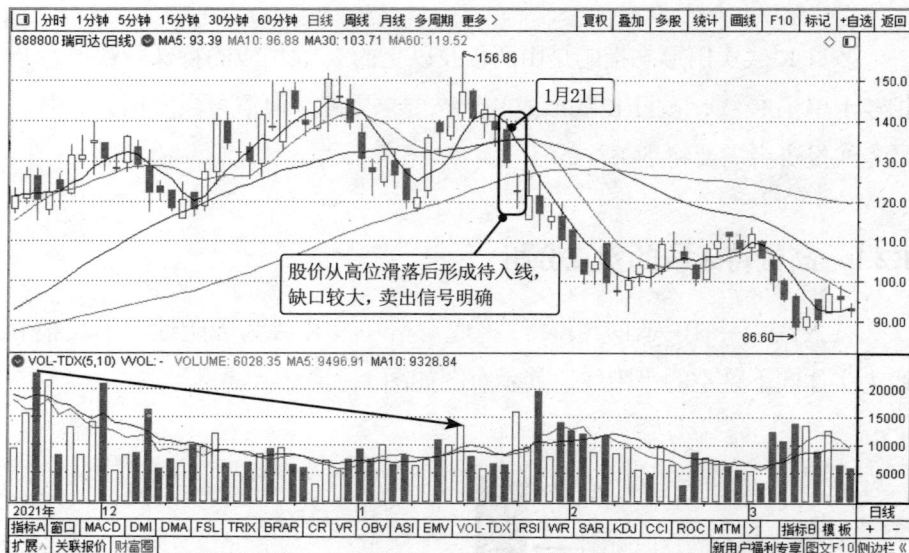

图 1-15　瑞可达 2021 年 11 月到 2022 年 3 月的 K 线图

从 K 线图中可以看到，瑞可达正处于阶段顶部。从 2021 年 11 月到 12 月，股价还在震荡上涨。

但观察成交量可以发现，在股价创下新高的同时，成交量却在不断缩减。这说明股价的上涨失去了量能的支撑，大量短线获利盘在前期就已经出局，后期涨势难以持续。此时投资者应该已经接收到了预警信号，那么就要对股价的变动提高警惕。

2022 年 1 月中旬，股价上冲创出 156.86 元的新高后冲高回落。数日后，该股在 1 月 21 日形成高开低走走势，当日以 5.88% 的跌幅收出一根大阴线。次日，股价大幅跳空低开，盘中经历了一系列震荡和下跌，最终以 5.14% 的跌幅收出一根小阳线。

观察这两根 K 线的形态，大阴线紧跟着的是小阳线，小阳线不仅实体跳空，而且整体都呈现出跳空状态，形成了缺口。由此可以判断，这是一个比较标准的高位待入线。

结合前期成交量发出的预警信号，此时短线投资者就应该及时做出选择，在后续的交易日中择高出局。

1.2.2　高位斩回线的卖点分析

斩回线同样由一阴一阳两根 K 线构成，第一根 K 线为大阴线，第二根 K 线则为中阳线或大阳线，二者之间没有形成缺口，且阳线实体要超过阴线实体的中心线，其示意图如图 1-16 所示。

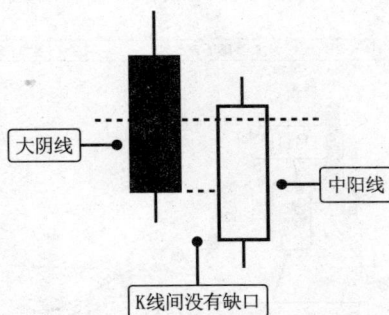

图 1-16　斩回线的 K 线形态

斩回线可能出现的位置非常多，形态几乎遍布于 K 线图中。但当其出现在股价高位，尤其是股价见顶位置时，才会发出比较可靠和强烈的看跌信号。

下面来看一个具体的案例。

实例分析

科拓生物（300858）高位斩回线定位卖点

图 1-17 所示是科拓生物 2021 年 12 月到 2022 年 2 月的 K 线图。

从图 1-17 可以看到，科拓生物正处于股价的高位。在 2021 年 12 月期间，股价还在向上运行，尽管负责上涨的交易日不多，但大多数上涨的 K 线都是涨幅较大的阳线，保证了股价上涨的速度。

进入 2022 年 1 月后，股价见顶下跌，K 线在连续收阴两个交易日后，股价于1月11日高开后不断震荡，最终形成下跌，以4.52%的跌幅收出一根大阴线。

次日，股价在低开后小幅跌破均价线，不过很快便形成回升走势，盘中不断向上攀升，大部分时间都在远离均价线的上方运行，最终以4.06%的涨幅收出一根大阳线。

仔细观察这两根K线可以发现，大阴线后紧跟着大阳线，二者之间没有缺口，并且处于股价见顶滑落之后。由此可以判断，这是一个在股价高位的斩回线，发出了强烈的看跌信号，短线投资者需果断卖出。

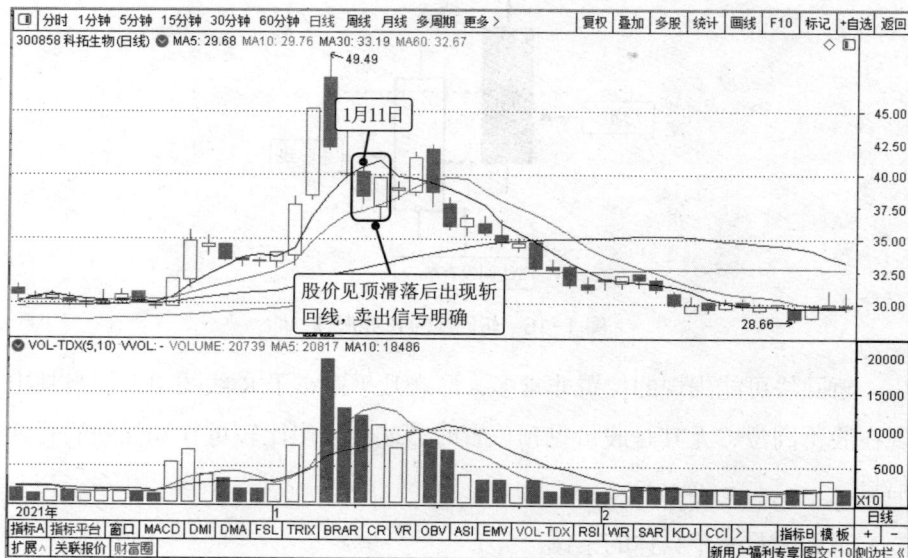

图1-17　科拓生物2021年12月到2022年2月的K线图

1.2.3　阴包阳何时出局

阴包阳指的是一根大阴线将前一根阳线全部吞没的K线形态，属于穿头破脚形态的一种。

与之前介绍的两种形态不同，阴包阳不一定只由两根K线形成，有时候后面的大阴线也会出现同时包裹前面多根小阳线的情形，这也属于阴包阳，如图 1-18 所示。

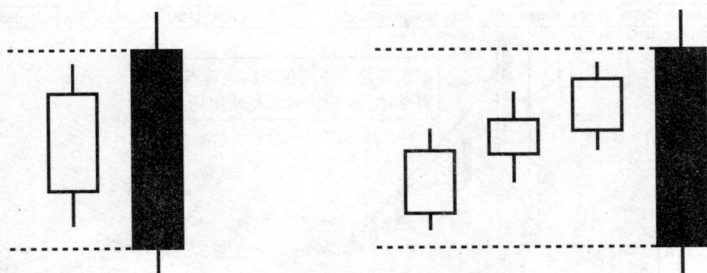

图 1-18 两种阴包阳 K 线形态

阴包阳 K 线形态通常表示空头占据绝对优势，后市很可能继续下跌。如果前期股价经历了大幅上涨，阴包阳形成前成交量明显放大，说明主力可能已经部分出逃。在阴包阳形态形成后，若股价继续下跌，则跌势确认，投资者需跟随出局。

下面来看一个具体的案例。

实例分析

远望谷（002161）高位阴包阳定位卖点

图 1-19 所示是远望谷 2022 年 1 月到 4 月的 K 线图。

从图 1-19 可以看到，远望谷正处于股价的高位。在 1 月期间，股价还在震荡中上涨，成交量也有配合的放量。1 月 18 日，股价收阴下跌的同时，成交量放出了巨量，此时股价位置已经较高，主力可能在出货。

2 月 9 日，股价大幅跳空高开，第一分钟就被大单推到了涨停板上并封住，直至收盘都没有再打开，当日形成一根涨停大阳线。次日，股价高开后却出现了快速的下跌，后续经历了多次震荡和下跌，最终以 4.82% 的跌幅收盘，形成一根光头大阴线。

观察这两根 K 线可以发现，第二根阴线完全包裹住了前一根阳线，呈现出阴包阳的形态。结合阴包阳出现之前主力可能的出货行为，基本上可以判断股价已经到达了顶部，谨慎的投资者可先行出局。

　　继续看后续的走势，股价在大阴线出现后接连下滑，确定了跌势。此时，还留在场内的投资者也需要快速卖出，以保住收益。

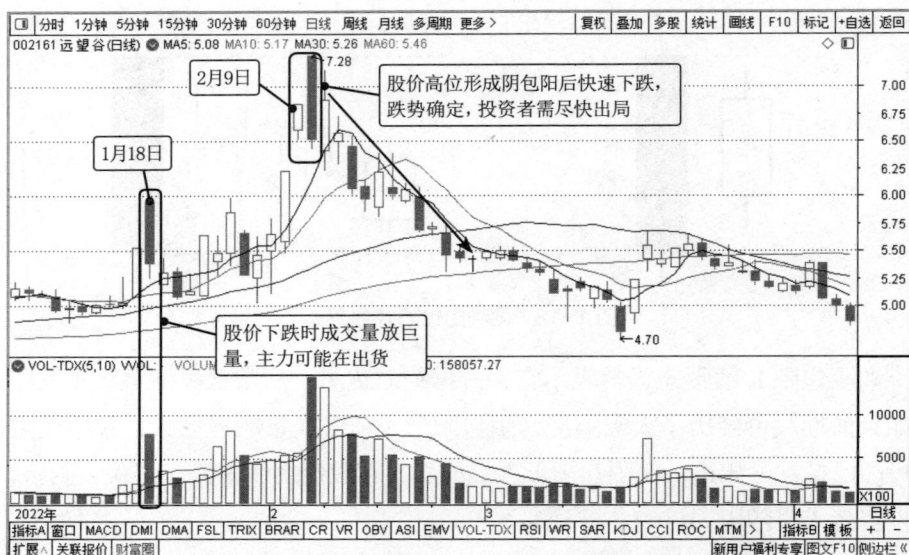

图 1-19　远望谷 2022 年 1 月到 4 月的 K 线图

1.2.4　倾盆大雨何时出局

　　倾盆大雨由两根 K 线构成，首先是一根中阳线或大阳线，次日再出现一根低开大阴线或中阴线，阴线的收盘价需要低于前一根阳线的开盘价，如图 1-20 所示。

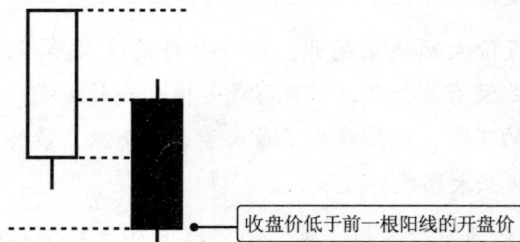

图 1-20　倾盆大雨 K 线形态

当倾盆大雨 K 线形态出现在股价顶部时，表示股价经过连续上涨后，多方推涨力量已经消耗殆尽，空方开始占据优势，股价后市继续上涨的压力较大，随时可能掉头下跌。

因此，短线投资者在发现这样的形态，并且后市出现下跌走势时，就要及时卖出。

下面来看一个具体的案例。

实例分析

金智科技（002090）高位倾盆大雨定位卖点

图 1-21 所示是金智科技 2021 年 10 月到 2022 年 2 月的 K 线图。

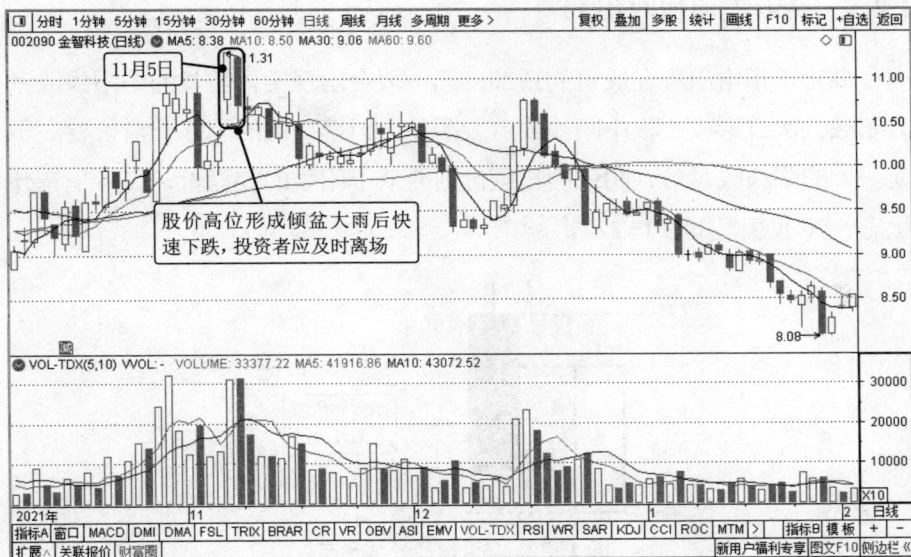

图 1-21　金智科技 2021 年 10 月到 2022 年 2 月的 K 线图

从 K 线图中可以看到，金智科技正处于股价的高位。在 2021 年 10 月期间，股价还在积极上涨，直到 10 月底时，股价到达 11.00 元价位线附近受阻滞涨后进入横盘。

进入 11 月后，该股收阴下跌到 10.00 元价位线附近，随后再次上冲。11 月

5 日，股价大幅高开后直线上冲，快速被封在涨停板上。在后续的交易时间内仅仅 V 字开板数次，便再次封板，直至收盘，当日形成一根大阳线。

但在次日，股价低开后出现了震荡低走，盘中长时间在低位徘徊，最终以 5.39% 的跌幅收出一根大阴线。

观察两根 K 线，大阳线后紧跟着大阴线，阴线实体深入阳线内部，收盘价还低于前一根阳线的开盘价，形成了标准的倾盆大雨形态。此时股价所处位置较高，谨慎的投资者最好在发现倾盆大雨形态后就卖出。

从后续的走势来看，股价在形成倾盆大雨后就出现了快速的下跌，进一步确定了下跌走势的到来，手中还握有筹码的投资者也要尽快出局。

1.2.5　乌云盖顶何时出局

乌云盖顶常出现在股价的顶部，第一天会出现实体较长的中阳线或者大阳线，次日形成一根中阴线或者大阴线。但第二天的阴线开盘价要高于前一天的阳线收盘价，阴线的收盘价则要低于阳线的收盘价，二者呈错开状态，其示意图如图 1-22 所示。

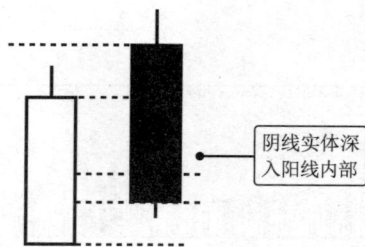

阴线实体深入阳线内部

图 1-22　乌云盖顶 K 线形态

乌云盖顶形态形成的关键在于阴线深入阳线内部的多少，一般需要在一半以下。并且阴线深入阳线的程度越深，则顶部反转的可能性就越大，投资者在观察到乌云盖顶形态后就要果断出局。

下面来看一个具体的案例。

实例分析

龙源技术（300105）高位乌云盖顶定位卖点

图 1-23 所示是龙源技术 2021 年 2 月到 5 月的 K 线图。

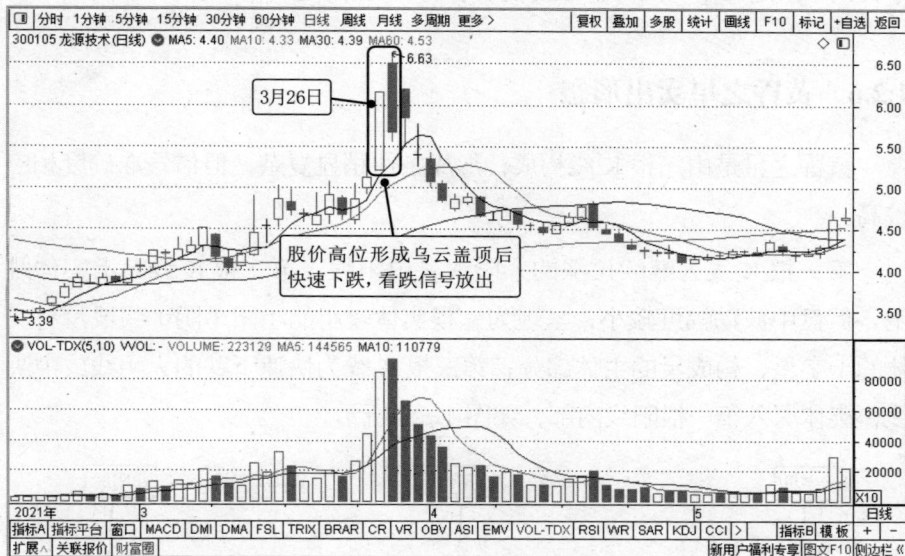

图 1-23 龙源技术 2021 年 2 月到 5 月的 K 线图

从 K 线图中可以看到，龙源技术正处于阶段顶部。从 2 月到 3 月，股价都在震荡中上涨，3 月中旬时股价还在 5.00 元价位线附近受到了一定压制横盘，待到进入 3 月底，股价突破压制后的涨速更快了。

3 月 26 日，股价以高价开盘后迅速运行至均价线上方，在前半个小时内呈锯齿状攀升，直至接触到涨停板。但此次涨停并未封住，股价很快又出现了小幅回落，在均价线上受到支撑横向运行，临近早间收盘时再次涨停，最终以 20.08% 的涨幅收盘，当日形成一根大阳线。

次日股价高开，但在开盘后就出现了急速的下滑，随后在均价线以下反复震荡，最终以 8.12% 的跌幅收盘，当日形成一根大阴线。

结合前一日的阳线来看，此时的阴线开盘价要高于前一天的阳线收盘价，并且实体深入阳线超过了一半，两根 K 线构成了乌云盖顶形态。

此时形成的乌云盖顶形态处于股价阶段顶部，并且在形态形成后股价出现了快速下跌，且大部分时间都在收阴，说明阶段顶部已经出现，股价步入了回调下跌过程中。此时，短线投资者就应及时卖出。

1.2.6　黄昏之星卖出形态

黄昏之星是由三根 K 线构成，形成条件稍显复杂，但信号准确度相应较高。

第一根 K 线为继续拉涨的大阳线或中阳线；第二根 K 线向上实体跳空，但盘中波动幅度较小，呈现为一根实体较小的小阳（阴）线或没有实体的十字星，构成星的主体部分；第三根 K 线为快速下跌的大阴线或中阴线，实体深入第一根阳线内部，如图 1-24 所示。

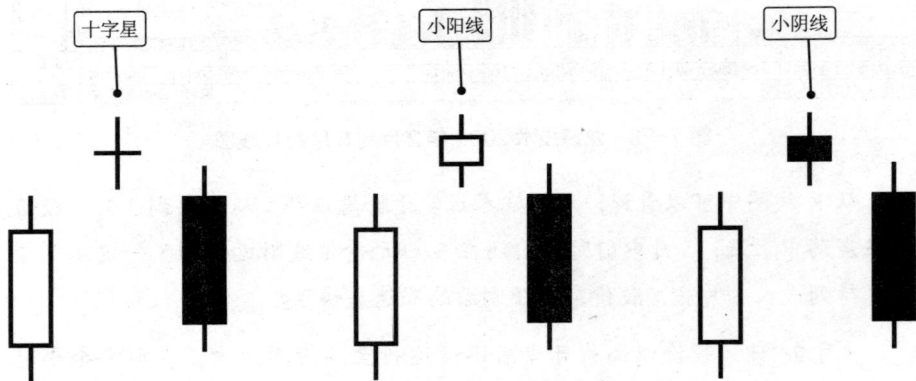

图 1-24　黄昏之星 K 线形态

与之前的形态类似，当黄昏之星出现在股价顶部时，才具有较高的实操意义。并且小 K 线的实体越小，与两根大 K 线的跳空距离越远，第三根阴线的实体深入第一根阳线越多，黄昏之星发出的卖出信号就越强。

下面来看一个具体的案例。

实例分析

南华生物（000504）高位黄昏之星定位卖点

图 1-25 所示是南华生物 2022 年 2 月到 4 月的 K 线图。

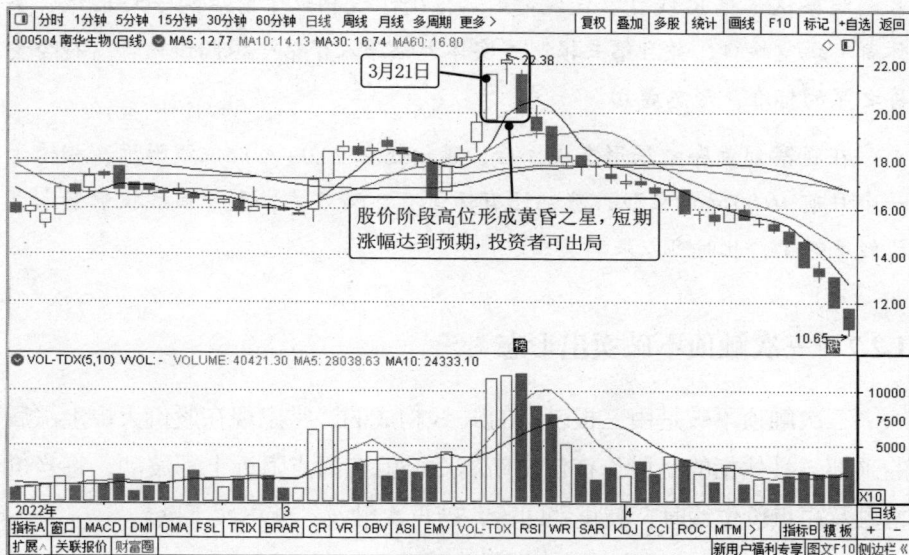

图 1-25　南华生物 2022 年 2 月到 4 月的 K 线图

从 K 线图中可以看到，南华生物正处于阶段的顶部。从 2 月到 3 月初，股价大部分时间都被限制在 16.00 元到 18.00 元的价格区间内上下震荡，直到 3 月中上旬，股价在经历一次回调后才开始上冲。

3 月 21 日，股价高开后迅速高走，很快在早盘时间内被打到了涨停板上。在后续的交易时间内，股价震荡开板了数次，但最终做多的力量呈现出了压倒性的优势，股价被封在涨停板上直至收盘，当日形成一根大阳线。

次日，股价大幅跳空高开，却在开盘后快速下跌，盘中触及 21.24 元价位线后受到支撑开始回升，股价回到开盘价附近，最终当日以 2.78% 的涨幅收出一根带长下影线的小阳线。

3 月 23 日，股价低开后持续低走，在开盘后半个小时左右就被打到了跌停板上封住，临近早盘结束时才开板交易。

在下午时段的交易时间内，股价反复震荡开板，但最终还是以跌停收盘，当日形成一根大阴线。

观察这三根 K 线可以发现，第二根小阳线相较于前后两根大 K 线，实体都有跳空缺口，并且第三根阴线实体大幅深入了第一根阳线内部，符合黄昏之星的标准，形态成立。

在观察到黄昏之星形态成立后，股价还在 20.00 元价位线附近，相较于一个月前 16.00 元的低位，涨幅还有保留有 20% 左右，对于短线投资者来说已经足够了，此时可以果断卖出。

1.2.7　三次触顶不破卖出形态

三次触顶不破是由三根以上的 K 线构成的，常出现在股价大幅上涨后的顶部。具体指的是股价在创出新高后，就在高点附近上下波动，每当价格触及高点价位线时，就止涨回落，若再次触及，就再次下跌。

在至少完成三次冲击后都未能彻底突破高点时，这几根触顶的 K 线，就构成了三次触顶不破形态，如图 1-26 所示。

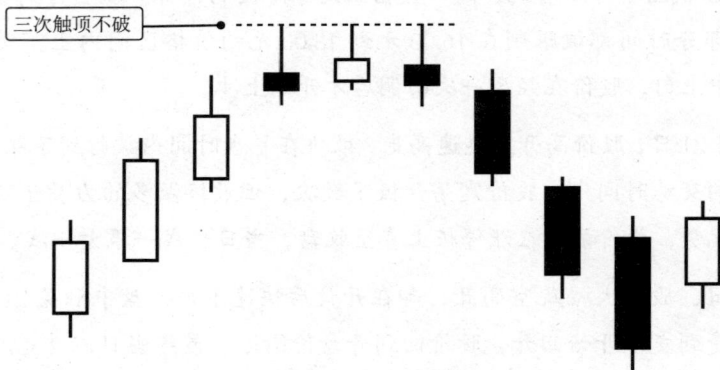

图 1-26　三次触顶不破 K 线形态

一般来说，触顶不破的几根 K 线都是实体较小并带长上影线的 K 线，并且可阴可阳，触顶的小 K 线越多，形态传递的看跌信号就越强。这说明多方推涨乏力，空方逐渐占据优势。随着抛压的增大，股价将很快步入下跌，投资者需尽快卖出。

下面来看一个具体的案例。

实例分析
ST 鹏博士（600804）高位三次触顶不破定位卖点

图 1-27 所示是 ST 鹏博士 2018 年 4 月到 7 月的 K 线图。

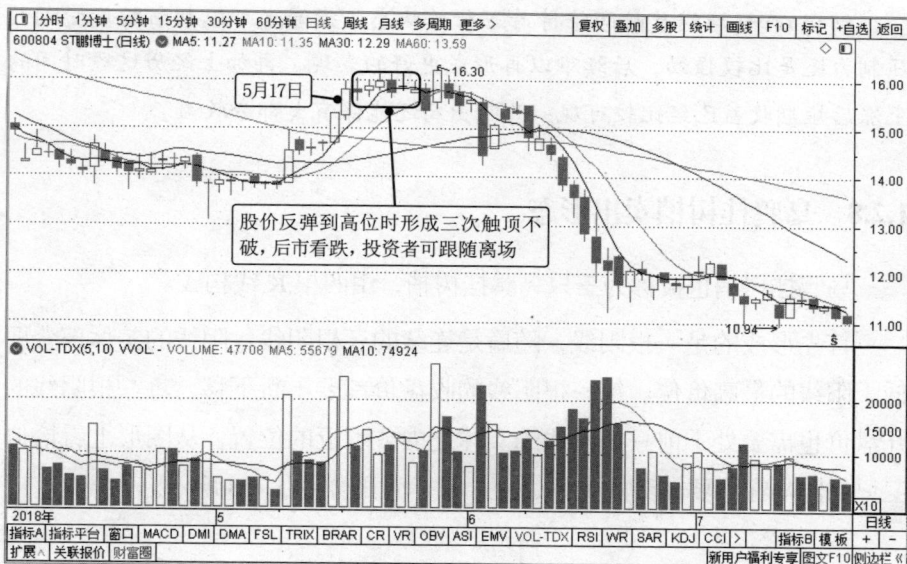

图 1-27 ST 鹏博士 2018 年 4 月到 7 月的 K 线图

从 K 线图中可以看到，ST 鹏博士正处于下跌行情中的反弹位。从均线组合的状态可以发现，在 4 月期间，股价还在 30 日均线和 60 日均线的压制下下跌。

直到进入 5 月初后，股价跌破了 14.00 元价位线，并在其下方形成了横向整理，说明股价跌势减缓，后市有希望形成反弹。5 月中上旬，成交量突然大幅放量，对股价形成了强劲的推动力，带动其快速上冲并越过了14.00 元，开启了反弹走势。

5 月 17 日，股价上涨来到了 16.00 元价位线下方，这根阳 K 线的最高价首先接触到了该价位线。次日，股价平开后大幅震荡，最终以 0.57% 的跌幅收出一根小阴线，高点依旧在 16.00 元价位线附近。

再往后一个交易日，股价在高开后依旧出现了震荡走势，盘中触顶下跌后回到开盘价附近，最终以 0.95% 的涨幅收出一根小阳线，上影线与前一日的高点基本持平。

在后续的数个交易日内，股价形成了类似的走势，并且最高价基本维持在同一水平价位线上，符合三次触顶不破的要求，形态成立。

结合 60 日均线长时间维持着下行的状态，投资者可以判断股价受到的压制力还是比较强劲，后续难以再形成更好的表现。再加上经历这段时间的上涨后短期收益已经比较可观，此时出局还能保有大部分收益。

1.2.8　乌鸦挂树梢卖出形态

乌鸦挂树梢也被称为三只乌鸦挂树梢，由四根 K 线构成。

首先形成的是一根阳线，随后是连续的三根阴线，阴线的实体部分要低于阳线的最高价位。每一根阴线的收盘价都要不断下移，每一根阴线的开盘价也需要处于前一根阴线的实体之内或附近的位置，从图形上看恰似三只乌鸦坐在将要枯萎的大树之上，其示意图如图 1-28 所示。

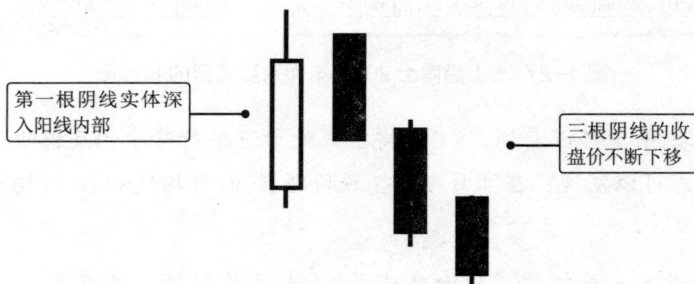

第一根阴线实体深入阳线内部

三根阴线的收盘价不断下移

图 1-28　乌鸦挂树梢 K 线形态

乌鸦挂树梢的形态比较常见，但当其出现在股价高位时，会发出强烈的下跌信号，短线投资者一旦发现，以尽快抛售筹码为佳。

下面来看一个具体的案例。

实例分析

勘设股份（603458）高位乌鸦挂树梢定位卖点

图 1-29 所示是勘设股份 2021 年 3 月到 7 月的 K 线图。

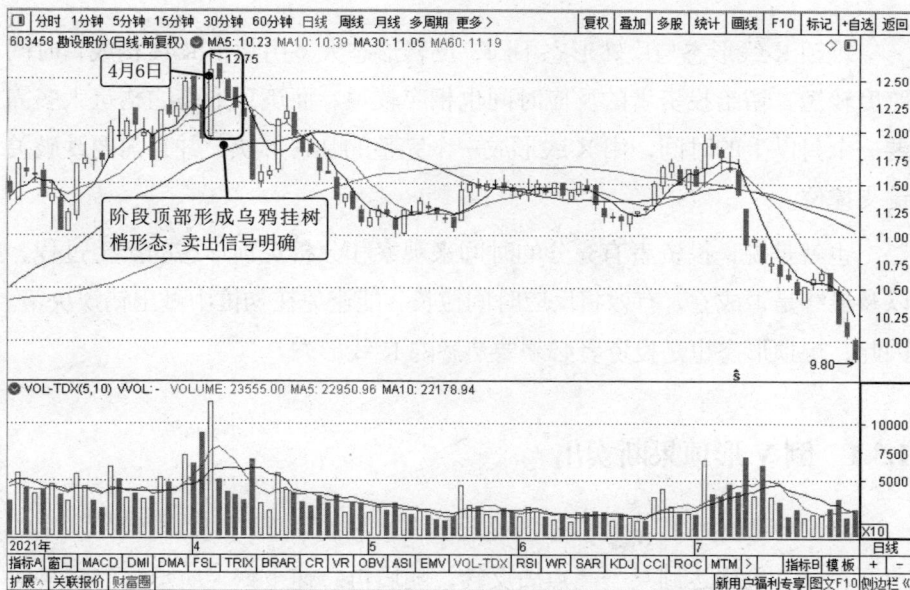

图 1-29　勘设股份 2021 年 3 月到 7 月的 K 线图

从 K 线图中可以看到，勘设股份正处于阶段顶部。在 2021 年 3 月期间，股价还在震荡中缓慢上涨，逐渐接近了 12.50 元价位线。

4 月初，股价在 12.50 元下方横盘一段时间后上冲，于 4 月 6 日高开后快速高走，盘中最高达到了 12.75 元，随后小幅回落，最终以 5.62% 的涨幅收出一根阳线。次日，股价高开后第一分钟就被打压下跌，在创出 12.41 元的最低价后小幅回升，随后反复震荡，最终以 0.79% 的跌幅收出一根小阴线。

在后续的两个交易日内，该股连续收阴下跌，每一根阴线的开盘价都在前一根阴线的实体内或是附近的位置。结合第一根阴线实体低于阳线最高价的情况来看，这四根 K 线形成了三只乌鸦挂树梢的形态，发出卖出信号。

场内的短线投资者在接收到这一信号后，就可以迅速出局。

1.3 筑顶 K 线形态短线卖出

筑顶 K 线形态与反转形态不同，反转形态大多由数根 K 线构成，时间跨度较短，留给投资者的反应时间也相应较短。而筑顶形态的构筑大多需要一个月以上的时间，由 K 线形成一个完整的几何形状，并且需要跌破关键支撑位。

也就是说，投资者有充分的时间来观察和分析筑顶形态的产生过程，以及最终是否成立，有效将反应时间拉长，能避免在匆忙中做出错误决策。因此，筑顶形态也是投资者必须要熟悉的 K 线形态。

1.3.1 倒 V 形顶果断卖出

倒 V 形顶也称作尖顶，指的是股价在上涨的后期，突然以较为陡峭的角度上升，价格达到某一高点后反转，随后再急速下跌，所形成的一种尖尖的顶部形态，其示意图如图 1-30 所示。

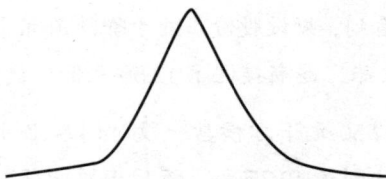

图 1-30 倒 V 形顶示意图

倒 V 形顶一般出现在行情的顶部，属于一种比较剧烈的反转形态。这说明主力可能即将出货，通过快速拉高股价的手法来扩大获利空间，待到股价上涨无力后立刻大批量卖出，导致股价产生暴跌走势。

倒 V 形顶的形成一般比较快速，惜售的投资者稍有犹豫，股价就会快速下滑一大截。这对于短线投资者来说打击是很大的，毕竟短线操盘的精髓就在于短时间内获得高收益。因此，投资者在意识到倒 V 形顶出现后，越早出局越好。

下面来看一个具体的案例。

实例分析

沈阳化工（000698）倒 V 形顶的出局位置

图 1-31 所示是沈阳化工 2020 年 6 月到 9 月的 K 线图。

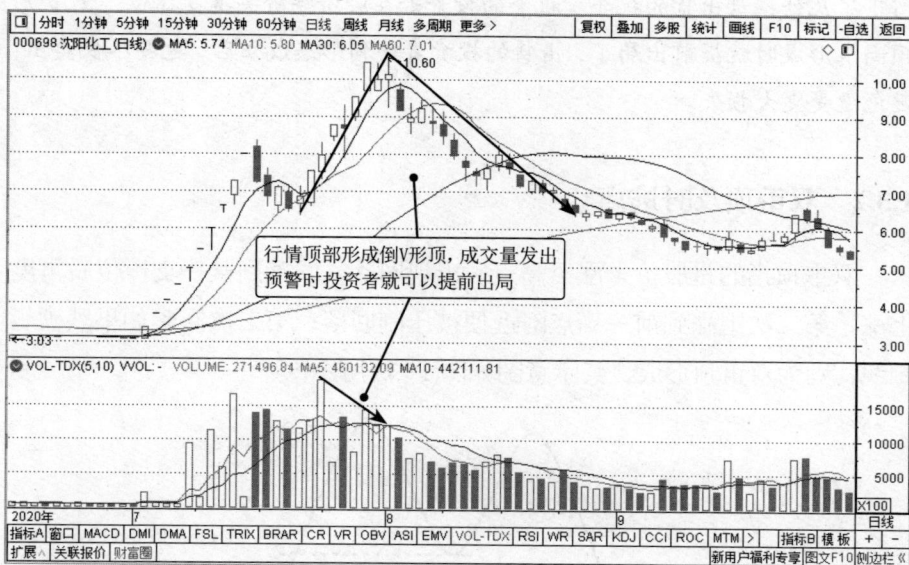

图 1-31　沈阳化工 2020 年 6 月到 9 月的 K 线图

从 K 线图中可以看到，沈阳化工正处于上涨行情的顶部。在 6 月期间，股价还在相对低位横向盘整。进入 7 月后，成交量突然放量，推动股价收出一根涨停大阳线，突破了盘整区间开始上涨。

在后续的近半个月内，该股接连拉出了数个一字涨停，一路从 3.00 元附近暴涨至 8.00 元左右，随后开板大幅收阴，回落到 6.50 元价位线附近受到支撑，再次开始上涨。

此次上涨速度虽然不及前期，但股价依旧在短短数日内来到了 10.00 元价位线以上。观察成交量可以发现，股价再次上涨的过程中，成交量量能出现了明显的缩减，这是股价即将见顶的危险信号，谨慎的投资者此时就要引起高度警惕了。

8 月初，股价创出 10.60 元的新高后，在次日就出现了快速的下跌，后续股价在 9.00 元价位线附近停留了几个交易日，最终还是快速下滑，一路跌破了 6.50 元的前期低点，形成倒 V 形顶。

从股价的跌速来看，这里的倒 V 形顶还是比较缓和的，至少为投资者留下了几处横盘出货的机会。机警的投资者在股价跌破关键支撑位，倒 V 形顶尚未形成时就提前出局了，惜售的投资者待到形态成立后，也要尽快卖出，避免遭受更大损失。

1.3.2　双重顶及时逃离

双重顶指的是股价上涨至高点后出现回落，回落到某一支撑位后再度上涨，第二次上涨到前一高点附近便被压制回落，第二次回落如果跌破了颈线，则为双重顶形成，其示意图如图 1-32 所示。

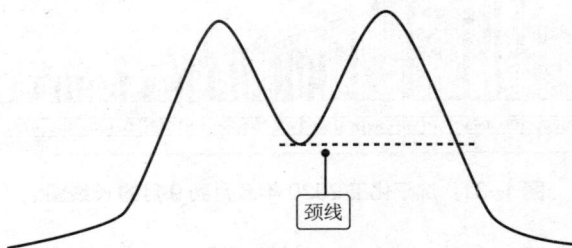

图 1-32　双重顶示意图

需要注意的是，双重顶的两个峰顶之间的距离要在一个月以上，形态才算成立，否则投资者可能会判断失误。

其实在双重顶形成前，成交量就会表现出异常。最明显的就是在第二个峰顶形成时，成交量的量能往往难以越过前期高点，代表股价上涨乏力，即将下跌。

此时，谨慎的投资者就可以提前出局了，而惜售的投资者可以继续观望，待到股价跌破颈线后再快速抛出。

下面来看一个具体的案例。

实例分析

富临精工（300432）双重顶的出局位置

图 1-33 所示是富临精工 2021 年 8 月到 12 月的 K 线图。

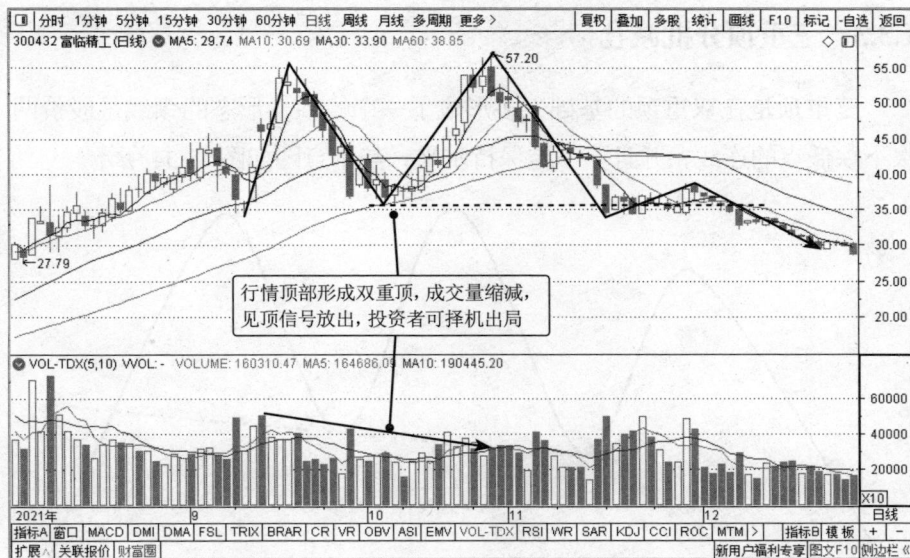

图 1-33　富临精工 2021 年 8 月到 12 月的 K 线图

从 K 线图中可以看到，富临精工正处于上涨行情的顶部。在 8 月期间，股价还在快速上涨，9 月初时，股价小幅下滑到 30 日均线附近，受到支撑后再次上冲，涨速加快不少。

9月中旬，股价上涨至55.00元价位线附近，随后受到压制下行，跌至35.00元上方后止跌横盘。数日后，股价再度上冲，很快便冲到了最高57.20元，随后拐头下跌。

此时双重顶形态已经初现端倪，但颈线还未被跌破。观察成交量可以发现，早在8月开始，成交量就出现了缩减，当股价形成峰顶时，成交量虽然有配合放量，但量能明显不及以前。从这一点就能够看出见顶信号，谨慎的投资者在第二个峰顶就可以提前出局。

第二个峰顶形成后，股价很快下跌，到11月中旬时跌破了前期低点，也就是颈线的位置。在35.00元价位线附近横盘数日，后续小幅上冲完成回抽后，彻底进入下跌轨道。这一段横盘的位置，就是留给投资者最后的离场时机。

1.3.3 三重顶分批减仓

三重顶是在双重顶的基础上多形成了一个峰顶，形态的颈线是股价两次下跌低点的连线，并且不一定保持水平，其示意图如图1-34所示。

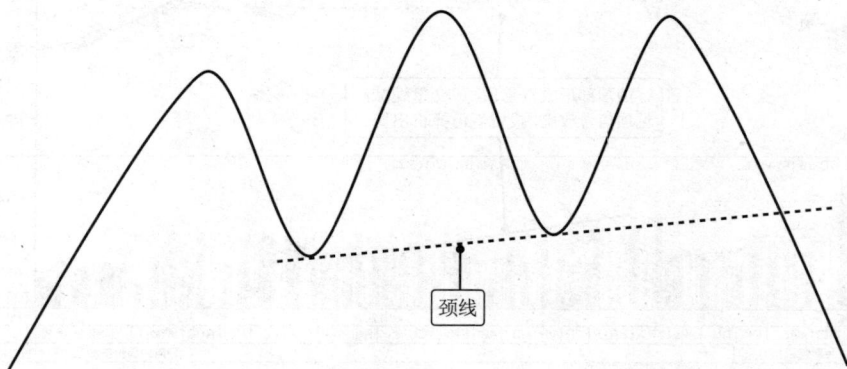

颈线

图1-34 三重顶示意图

三重顶的形成原理、位置及传递的信号都与双重顶基本一致，只是其构筑时间更长，信号强度更高。相较于双重顶，三重顶还未形成时，其中隐含的见顶信号更多，也更明显，最主要的就是成交量和均线两项指标传递出的信号，投资者可以仔细观察。

由于三重顶形成的时间较长，对短线投资者来说不太友好。因此，投资者在接收到预警信号后，就可以执行分段减仓操作，每当峰顶出现时就部分抛售，逐步降低风险，兑现收益。

下面来看一个具体的案例。

实例分析
中青宝（300052）三重顶的出局位置

图 1-35 所示是中青宝 2021 年 11 月到 2022 年 4 月的 K 线图。

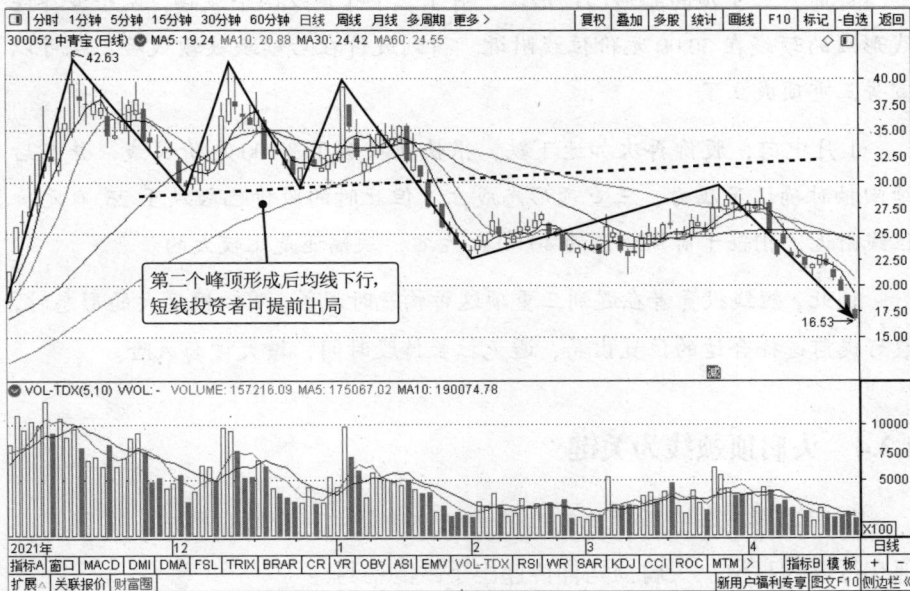

图 1-35　中青宝 2021 年 11 月到 2022 年 4 月的 K 线图

从 K 线图中可以看到，中青宝正处于上涨行情的顶部。在 2021 年 11 月中上旬之前，股价还在震荡中上涨，于 11 月中旬来到了最高的 42.63 元，随后小幅回落，在相对高位横盘一段时间后快速拐头下跌，形成一个峰顶。

12 月初，股价下滑至 30.00 元价位线附近后受到支撑迅速回升，很快反弹回到了 40.00 元价位线以上，在此处又一次受到阻碍，不得不拐头下跌，形成第二个峰顶。

此时观察均线指标可以发现，在第二个峰顶形成后股价下跌的同时，30 日均线已经完成了向下的转向，并且 60 日均线也减缓了上扬角度，说明大趋势开始走平，后市也可能转入下跌。对于短线投资者来说，此时最好在峰顶分批出货。

12 月底，股价再次跌至 30.00 元价位线附近，随后受到支撑开始上涨。2022 年 1 月初，股价来到 40.00 元价位线附近后冲高回落，再次出现了下跌，形成了第三个峰顶。

此时，三重顶的雏形已经出现，有了三个峰顶及两个波谷，两个波谷连线形成的颈线在 30.00 元价位线附近。待到股价在后续跌破颈线后，就可以宣告三重顶成立了。

1 月中旬，股价再次加速下跌，很快便跌破了 30.00 元价位线，并在后续回抽时确认了压力，三重顶形态成立。但此时的股价已经跌至 25.00 元价位线附近，相较于前期峰顶的 40.00 元左右，跌幅还是比较大的。

因此，短线投资者在遇到三重顶这种构筑时间长，下跌幅度大的形态时，最好提前选择合适的位置出局，避免拉长持股时间，增大被套风险。

1.3.4　头肩顶颈线为关键

头肩顶形态与三重顶形态有些类似，都是由三个峰顶形成，并且都出现在行情的高位，头肩顶同样传递出下跌的信号。

只不过头肩顶的峰顶并不像三重顶一样处于相近的位置，而是中间凸起两边持平，像人的肩膀和头部一般，其示意图如图 1-36 所示。

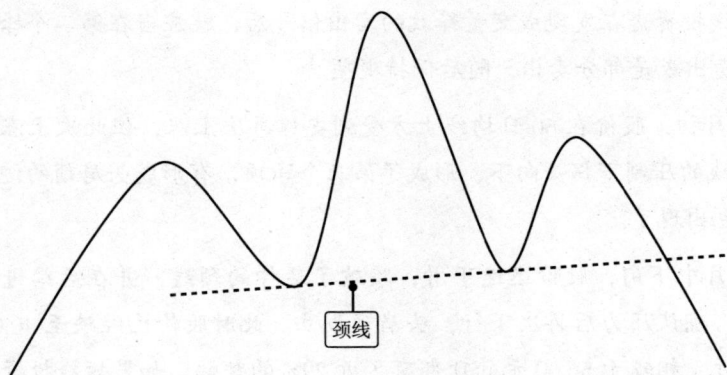

图 1-36　头肩顶示意图

　　头肩顶的颈线即肩膀与头部之间的低点连接形成的斜线，当其被跌破后，就意味着头肩顶的形成。

　　对于短线投资者来说，在头肩顶中的操作手法与三重顶是一样的，最好在股价产生大幅度下跌之前就分批卖出。

　　下面来看一个具体的案例。

实例分析

振江股份（603507）头肩顶的出局位置

　　图 1-37 所示是振江股份 2021 年 9 月到 2022 年 2 月的 K 线图。

　　从 K 线图中可以看到，振江股份正处于上涨行情的顶部。在 9 月期间，股价正在进行上涨后的回调，在 60 日均线上方受到支撑后再次上涨，很快便来到了 50.00 元价位线附近。

　　股价在 50.00 元价位线附近受到阻碍后拐头下跌，形成一个峰顶。很快，股价在 45.00 元价位线附近止跌横盘，数日后重新开始上涨，于 11 月中旬创出 56.00 元的新高，随后再次回落，形成第二个峰顶。

　　此时观察成交量可以发现，在股价形成第一个峰顶的上攻过程中，成交量已经出现了峰值。后续股价的上涨都未能得到成交量的放量支撑，整体呈现出即将见顶的状态，属于明显的卖出信号。

短线投资者在发现成交量释放的卖出信号后，就应当在第二个峰顶的位置全部卖出或是部分卖出，随后保持观望。

12月初，股价在60日均线上方受到支撑再次上涨，但此次上涨很快在30日均线的压制下拐头向下，形成了第三个峰顶，有形成头肩顶的迹象，此时颈线也出现了。

12月中下旬，股价迅速下滑，跌破了延伸的颈线，并在后续进行了回抽试探，确认压力后再次下行，头肩顶成立。此时股价已经跌至40.00元价位线附近，相较于56.00元的顶部有了近29%的跌幅，如果短线投资者到此处才出货，损失将会扩大不少。

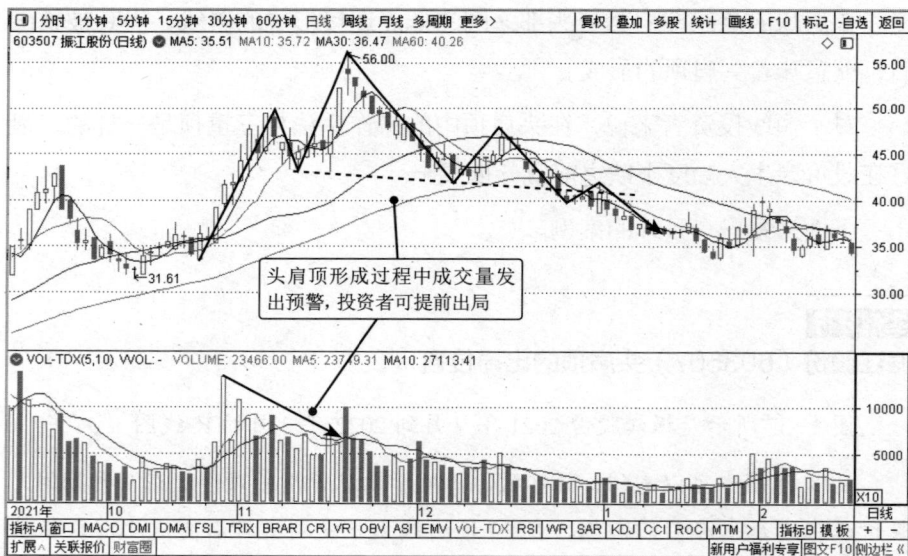

图1-37 振江股份2021年9月到2022年2月的K线图

1.4 行情中整理形态何时出局

整理形态不同于反转形态和顶部形态，它是一种出现在单边行情中的特殊形态，比如下跌行情中的下跌三角形、等边三角形、矩形、楔形等。这些整理形态往往意味着股价原有发展趋势暂缓，进入整理过程，后续大概率会回到既定的轨道。

在上涨行情中，这意味着股价的回调，短线投资者可择高出局。而在下跌行情中，这意味着暂时的反弹，短线投资者需要在股价再次下跌前快速离场。

1.4.1　下降三角形尾部出局

下降三角形指的是在股价的震荡整理中，其回落形成的波谷会触到一条接近水平的支撑线，即下边线，而反弹形成的波峰会逐渐下斜，连接起来，会形成斜线向下的上边线。如果将这两条边线延伸相接，就构成了一个向下倾斜的三角形。

图 1-38 所示是下跌行情中的下降三角形形态示意图。

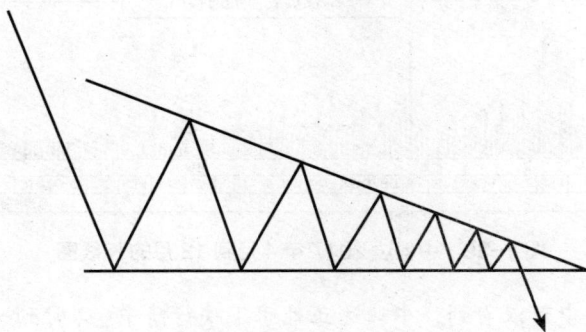

图 1-38　下跌行情中的下降三角形形态示意图

在下跌行情中形成下降三角形，意味着股价在一个特定的位置得到多方的资金推动，因此每回落至该位置时便止跌回升，波谷形成一条水平的支撑线。但场内的抛压却不断加强，股价每一次反弹的高点都较前次更低，于是形成一条向下延伸的压力线。

当下边线被彻底跌破时，股价将很快回到下跌轨道，投资者需要提前择高卖出，从而减少损失。

下面来看一个具体的案例。

实例分析

中毅达（600610）下降三角形何时卖出

图 1-39 所示是中毅达 2017 年 4 月到 12 月的 K 线图。

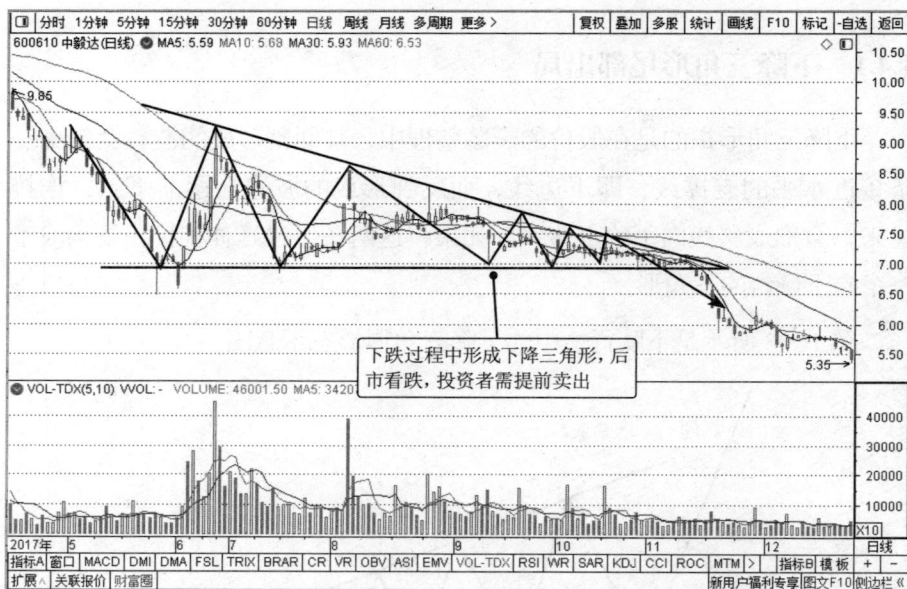

图 1-39　中毅达 2017 年 4 月到 12 月的 K 线图

从 K 线图中可以看到，中毅达正处于下跌行情中。4 月到 5 月，股价在大幅收阴下跌，直到在 7.00 元价位线附近受到一定支撑开始横盘，但整理时间不长，数日后股价开始向上攀升。

6 月底，股价上涨越过 9.00 元价位线附近止涨回落，随后开始震荡下跌，直到跌至 7.00 元价位线附近再次受到支撑回升，进入震荡走势。

在震荡过程中，股价反复上攻，但始终无法有效突破前期高点，波峰呈现下移状态，连接可形成一条斜线。而下跌的波谷基本上都在 7.00 元价位线附近受到支撑，形成一条水平下边线，与波峰的斜线结合起来，就构成了下降三角形形态。

下跌行情中的下降三角形意味着多方的暂时反弹，以及上方的强大抛压，当波峰与波谷之间的距离越来越近，股价跌破下边线的可能性也越来越大。观察到下降三角形的投资者，最好在股价彻底下跌之前择高出局。

从后续的走势也可以看到，在 11 月中上旬，该股就大幅收阴并直接跌破了下边线的支撑，随后出现了快速下行的走势。虽然在后续出现了反弹，但其位置太低，作为出局点比较勉强。对于还留在场内的短线投资者来说，损失将会更大。

1.4.2　等腰三角形随时关注

等腰三角形在上涨行情和下跌行情中都有可能出现，具体指的是股价在震荡过程中，波峰不断下移，连接高点形成一条向下的斜线，同时波谷在接连上移，连接低点形成一条向上的斜线。

这两条斜线的角度相当，并在延伸后能够很快相交。在上下边线相交之前，股价会突破某一条边线，完成趋势的选择。

图 1-40 所示是等腰三角形形态在上涨与下跌趋势中的示意图。

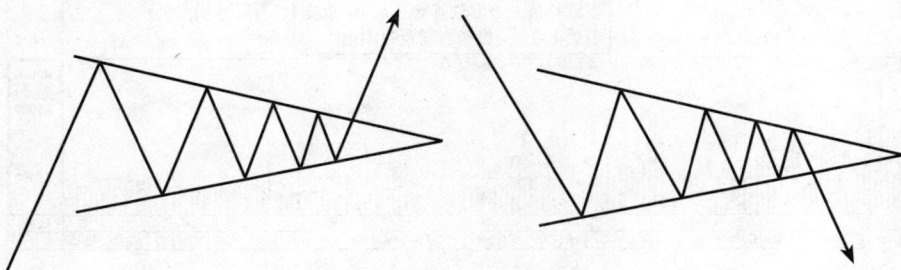

图 1-40　等腰三角形形态在上涨（左）与下跌（右）趋势中的示意图

在上涨行情中出现的等腰三角形意味着股价的回调，后续趋势的突破方向大概率会往上。短线投资者可在股价震荡的高点出局，待到股价向上突破并确认涨势后，再次入场即可。

但需要注意的是，如果上升等腰三角形出现的位置在顶部，那么后市就不会是向上的突破了，而是向下的转向。这一点需要投资者特别警惕，避免在股价下跌后买进被套。

在下跌行情中出现的等腰三角形，意味着股价的反弹，后续趋势的突破方向大概率会往下。短线投资者可在股价反弹的高点分批卖出，最好不要等到股价彻底下跌后再大批抛售。

下面来看一个具体的案例。

实例分析
中国宝安（000009）等腰三角形何时卖出

图 1-41 所示是中国宝安 2018 年 1 月到 8 月的 K 线图。

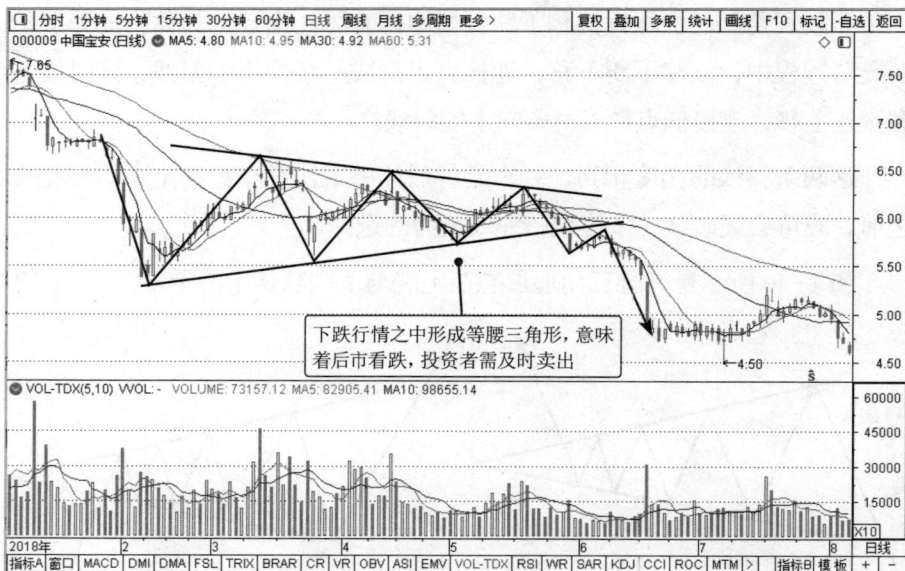

图 1-41　中国宝安 2018 年 1 月到 8 月的 K 线图

从 K 线图中可以看到，中国宝安正处于下跌行情之中。在 2018 年 1 月期间，股价还在快速下跌，直到进入 2 月后才在 5.50 元价位线下方受到支撑，开始了回升走势。

3 月中上旬，股价上涨至 6.50 元价位线上方受到压制横盘，数日后还是拐头下跌，再次跌至 5.50 元价位线附近。在该价位线上受到支撑后，股价又一次出现了上涨，但观察这个低点与前一个低点之间的关系可以发现，此时的低点出现了小幅上扬。

继续看后面的走势，股价此次的上攻未能突破前期高点，而是在接触到 6.50 元价位线后就拐头向下，形成了第二个高点。将这一高点与前一个高点进行对比，可以发现该股的高点出现了下移。

在后续的走势中，股价反复震荡，高点几乎处于同一条下降的斜线上，低点也基本上都在同一条上升的斜线上，两条边线构成了等腰三角形形态。

在下跌行情之中出现等腰三角形，意味着股价出现了暂时的整理，多方正在反攻，但难以维持太长时间。因此，后市的看跌信号还是非常强烈的，投资者要在震荡高点尽快出局。

1.4.3 矩形整理形态及时卖出

矩形整理形态指的是当股价上升到某一位置时遇到阻力，掉头回落，但很快便获得支撑而回升，这样的走势不断重复，高点与高点、低点与低点分别连接起来，便可以绘出一条平行发展的通道，其示意图如图 1-42 所示。

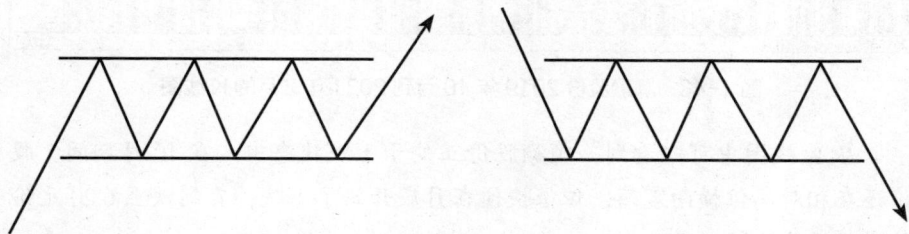

图 1-42 上涨行情（左）与下跌行情（右）中矩形形态示意图

与前面介绍的三角形形态类似，矩形整理形态也属于股价运行过程中的调整。当其出现在上涨行情中时，传递的依旧是后市看好的信号，短线投资者可在震荡高点出局，在震荡低点买入，等待下一段拉升。

但在下跌行情中发现矩形整理形态时，就说明多方与空方形成对等的反抗，二者暂时处于平衡状态。但市场的下跌动能强劲，后市依旧看跌，场内的短线投资者最好择高卖出，场外的短线投资者不宜参与。

下面来看一个具体的案例。

实例分析
顺灏股份（002565）矩形整理形态何时卖出

图 1-43 所示是顺灏股份 2019 年 10 月到 2021 年 2 月的 K 线图。

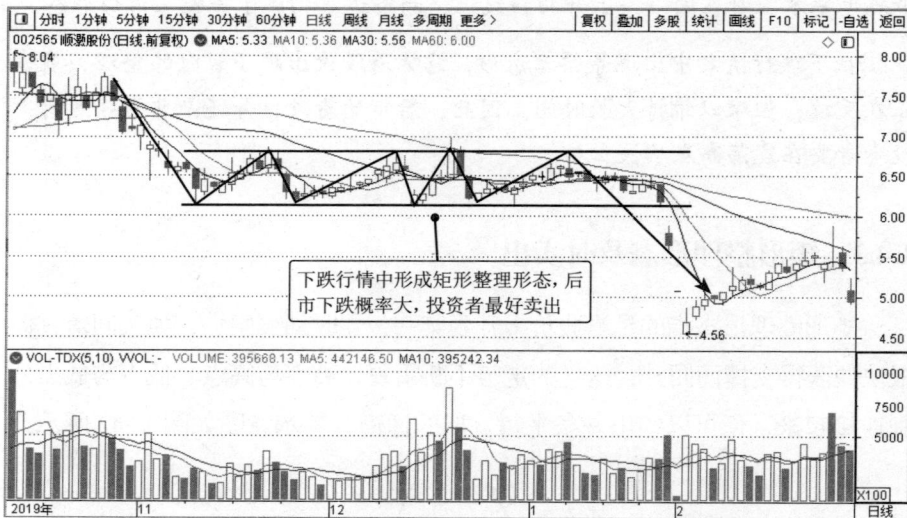

图 1-43　顺灏股份 2019 年 10 月到 2021 年 2 月的 K 线图

从 K 线图中可以看到，顺灏股份正处于下跌状态中。在 10 月期间，股价还在相对高位横向震荡，但很快便在月底开始了下跌，直到跌至 6.20 元价位线附近才止跌回升。

股价回升数日后，又在 6.80 元价位线附近受阻下跌，下跌的低点仍然在 6.20 元价位线附近。这样的走势不断重复，股价长时间在 6.20 元到 6.80 元的价格区间内窄幅震荡，各低点和各高点连线分别形成了两条水平线，构筑出矩形整理形态。

从均线的状态可以发现，在股价震荡的过程中，60 日均线还保持着下行状态，30 日均线则由下行转为走平，二者都没有向上转向的迹象。

并且成交量在震荡后期大幅缩减，无法提供充足的上涨动能，股价的下跌走势比较明确，后市大概率会继续下跌。因此，短线投资者就应该在矩形整理期间择高卖出，尽量降低损失。

1.4.4 楔形整理形态随时出局

楔形整理形态指的是股价在上涨（或下跌）的过程中，出现一轮震荡的回调（或反弹），将回调（或反弹）的高点和低点分别用直线连接起来，两条直线方向相同且呈现收敛状态，其示意图如图 1-44 所示。

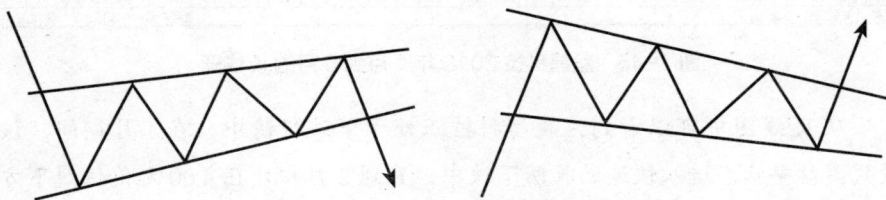

图 1-44 下跌行情（左）和上涨行情（右）中的楔形形态示意图

楔形整理形态与三角形整理形态比较类似，但仔细观察可以发现，楔形的通道方向与股价整体的发展方向是相反的，并且楔形的两条边线只是收敛，短时间内并不会相交。

楔形整理形态在上涨行情和下跌行情中出现，所代表的含义及操作方法与等腰三角形类似，只要短线投资者能够确定股价的整体趋势不变，就可以在合适的位置择高出货。

实例分析
毅昌科技（002420）楔形整理形态何时卖出

图 1-45 所示是毅昌科技 2018 年 1 月到 6 月的 K 线图。

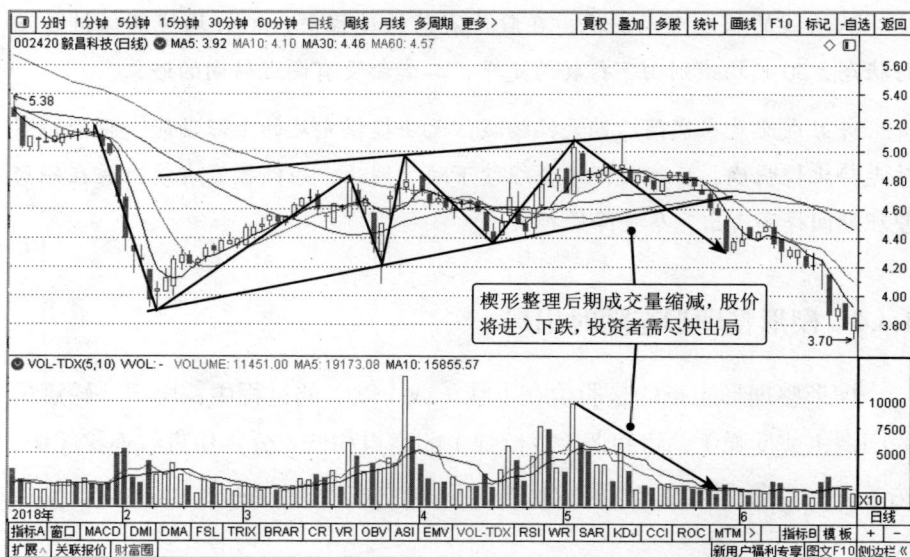

图 1-45　毅昌科技 2018 年 1 月到 6 月的 K 线图

　　从 K 线图中可以看到，毅昌科技正处于下跌行情中。在 1 月期间，该股脱离盘整状态进入快速的收阴下跌中，直到 2 月初才在 4.00 元价位线下方受到支撑回升。经历了近一个月的上涨后，股价来到了 4.80 元价位线附近，随后受阻下跌，进入震荡走势。

　　股价在震荡过程中，高点和低点都在不断上移，但低点上移的速度较快，形成的下边线倾斜角度更大，与稍显缓和的上边线形成向上的收敛，构筑出楔形整理形态。

　　下跌行情中的楔形形态说明多方在反弹，但在没有足够量能的支撑下很难有更高的涨幅，这一点从形态后期成交量的大幅缩减就能看出。因此，投资者在确定下跌趋势将继续后，可以在股价高位分批卖出筹码，将收益兑现。

第2章

分时图中分析卖出时机

　　分时图是记录股价在单个交易日中每分钟价格变化的走势图，其基本功能与K线图一样，只是时间周期被缩短了。对于短线投资者来说，分析分时图中的卖点是非常重要的，这不但能有效扩大短期收益，还能提高操盘效率。

2.1　分时股价线的见顶形态

K 线图中有代表价格变化的 K 线和基于价格编制的均线，分时图中也有相应的股价线和均价线，图 2-1 所示是分时图中的股价线和均价线。

图 2-1　分时图中的股价线和均价线

从图 2-1 中可以看到，股价线的波动频率和幅度都比均价线大，常常会形成多种形态。当其中的一些特殊形态出现在高位时，就能够传递出比较可靠的卖出信号，这一点与 K 线也是比较相似的，下面来逐一介绍。

2.1.1　倒 V 形顶的卖出时机

分时图中的倒 V 形顶指的是股价在某一时间段内快速上冲，到达顶部后几乎没有停留，很快拐头向下，形成如锥子一般的顶部，如图 2-2 所示。

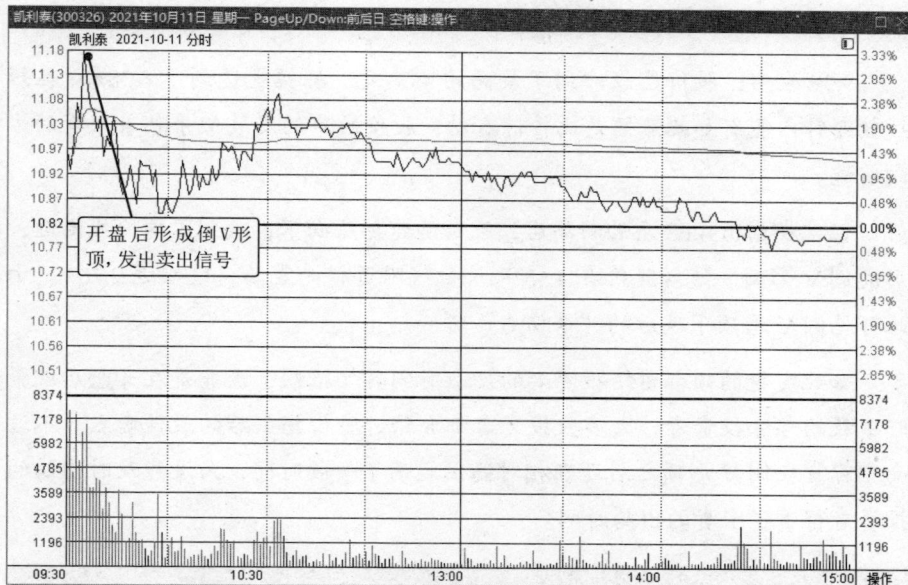

图 2-2　分时图中的倒 V 形顶

一般来说，出现倒 V 形顶之前的几个交易日，股价往往有过一波上涨，场内积压了一批获利盘。当日冲高回落的走势就意味着卖盘开始集中大量抛售，盘中抛压逐渐加强，股价上涨动力不足，最终进入下跌行情。

越是尖锐的顶部，其发出的下跌信号就越强。因此，短线投资者在遇到倒 V 形顶后就要果断出局，避免股价后续快速或大幅的下跌带来更大的损失。

下面来看一个具体的案例。

实例分析
南宁百货（600712）分时图中的倒 V 形顶卖点解析

图 2-3 所示是南宁百货 2022 年 6 月 1 日的分时图。

从图 2-3 可以看到，南宁百货在 6 月 1 日这一天是以低价开盘的。开盘后股价震荡了几分钟，随后就在成交量的推动下开始了急速的上涨，整体几乎呈一条斜线上冲。

9:39 左右，股价已经冲到了最高的 4.68 元，涨幅也达到了 6.38%。在短短数分钟内能有如此涨幅是比较惊人的，股价后市的发展似乎朝着乐观的方向前进。

但就在创出 4.68 元的新高后，股价迅速拐头向下，跌到了均价线附近，形成倒 V 形顶。随后股价在 4.55 元价位线附近横向震荡，跌幅近 2.78%，由此可见倒 V 形顶下跌后的"杀伤力"。

如此尖锐的顶部留给投资者的反应时间其实很短，除非是在开盘后就紧盯不放的部分投资者，大多数投资者都会错过股价拐头后的最佳卖点。不过南宁百货在倒 V 形顶之后还在相对高位震荡了一段时间，为没能及时出局的投资者留下了宝贵的出局时间。

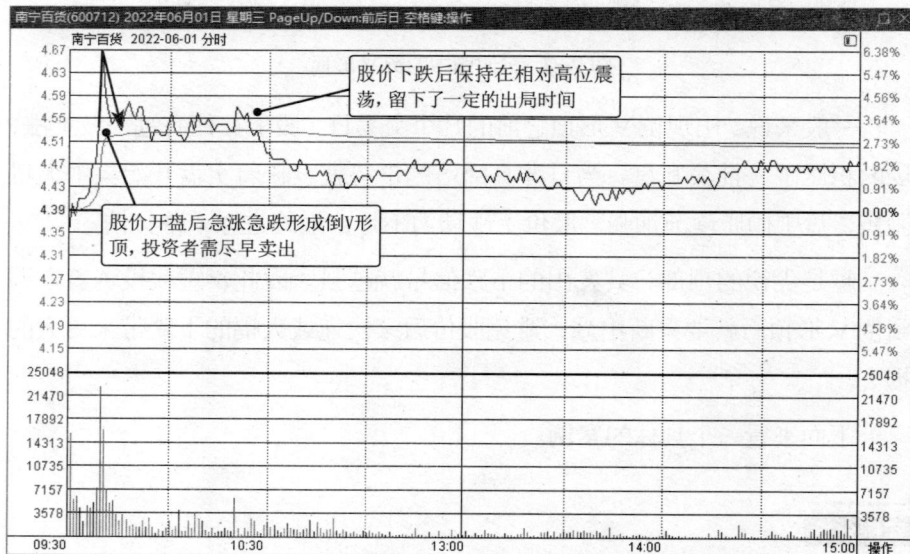

图 2-3 南宁百货 2022 年 6 月 1 日的分时图

2.1.2 双平顶的卖出时机

分时图中的双平顶与 K 线图中的双重顶类似，都是股价在上冲后回落到某一支撑位，随后再次上冲到与前期高点相当的位置，受到压迫后拐头下跌的形态，如图 2-4 所示。

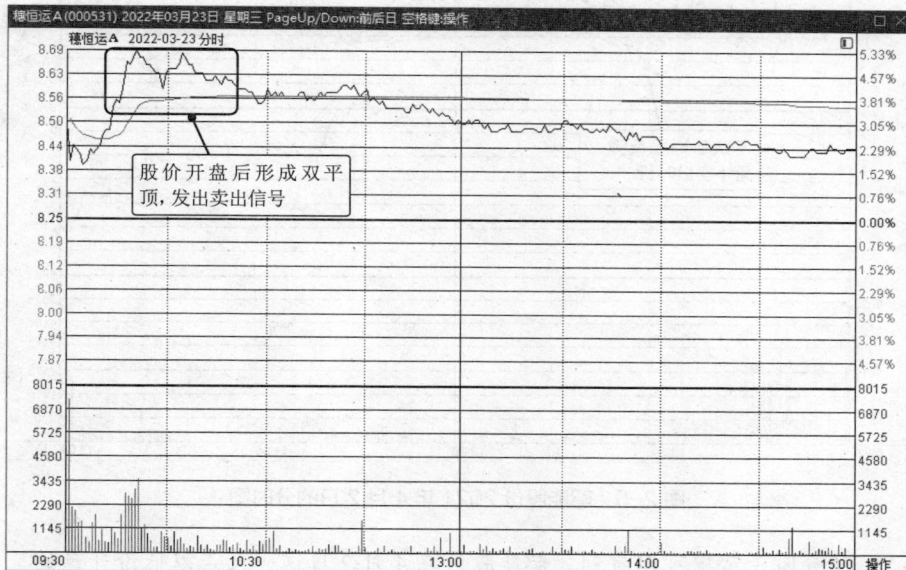

图 2-4　分时图中的双平顶

双平顶的形成，意味着股价上涨动力不足，空方的压力较强，反复的上攻不破也证明了这一点。在上涨受阻后，股价将很快进入下跌轨道，卖出信号明确。

由股价线形成的双平顶构筑时间较短，可能在数十分钟时间内就形成并成立了。如果投资者在当日有卖出需求，就要对分时走势保持高度关注，一旦形成双平顶，就要及时卖出。

下面来看一个具体的案例。

实例分析

韶能股份（000601）分时图中的双平顶卖点解析

图 2-5 所示是韶能股份 2021 年 4 月 2 日的分时图。

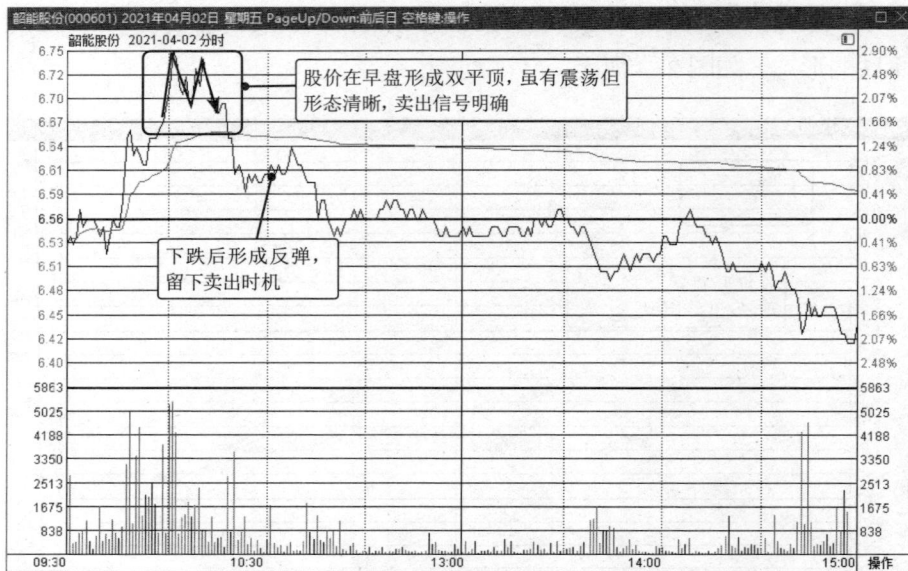

图 2-5　韶能股份 2021 年 4 月 2 日的分时图

从分时走势中可以看到，韶能股份在 4 月 2 日这一天是以低价开盘的。在开盘后股价围绕均价线横向震荡了十几分钟，随后便在成交量放量的推动下快速上冲，在小幅越过 6.64 元价位线后，出现了回落。

此次股价的回落在均价线上方受到支撑，很快再次拐头向上，迅速上涨至 6.75 元价位线附近。股价到达该价位线后并未停留，而是立刻拐头下跌，在 6.70 元价位线附近受到支撑后再次上冲。

但此次上冲没有得到成交量的有效支撑，股价还未到达前期高点便出现了下跌，并在几分钟内就跌破了 6.70 元价位线，也就是股价前一次回落的支撑位。此时，双平顶形态已经清晰，向投资者发出了卖出信号。

韶能股份在这一天形成的双平顶其实并不平稳，构筑期间出现了数次震荡，形成锯齿状的双平顶。但从整体走势来看，形态还是比较明显的，所以发出的卖出信号依旧可靠，投资者最好在双平顶形成后就快速离场。

从后续的走势也可以看到，股价在双平顶形态形成后小幅回抽了一次，随后快速下跌，直到跌破均价线后才再次出现一波较大幅度的反弹。这也是一个相对高位，在前期没来得及出局的投资者，可在此时抛售。

2.1.3 头肩顶的卖出时机

分时图中的头肩顶构筑方式与 K 线图中的基本一致，都是由两矮一高三个峰顶形成，如图 2-6 所示。

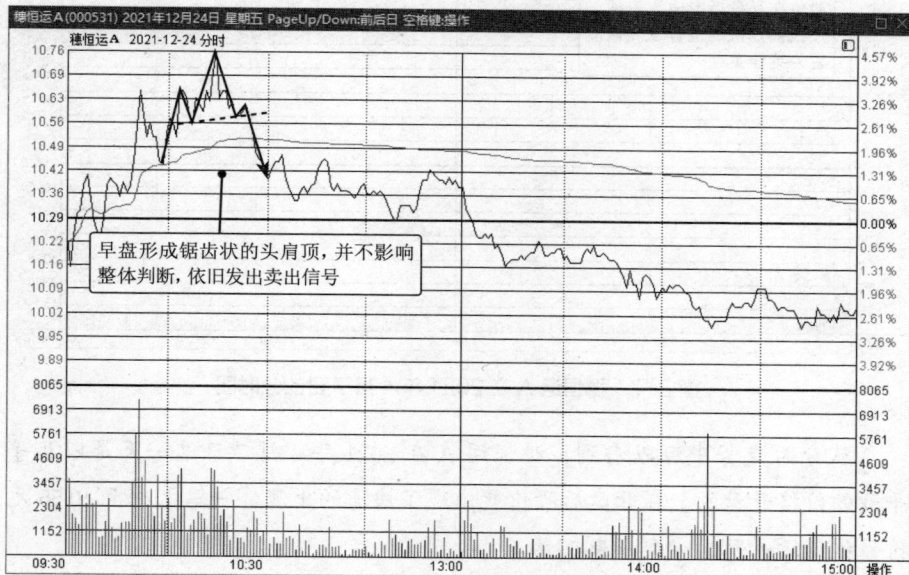

图 2-6 分时图中的头肩顶

由于分时图中的股价线波动幅度较大，频率较高，其产生的震荡相较于 K 线来说更频繁。因此，在分时图中构筑头肩顶时，往往会形成多个次一级震荡，导致形态呈现锯齿状波动。

这是很正常的，并不影响顶部形态的判断，投资者只需关注整体走势即可。

下面来看一个具体的案例。

实例分析

穗恒运 A（000531）分时图中的头肩顶卖点解析

图 2-7 所示是穗恒运 A 在 2021 年 4 月 7 日的分时图。

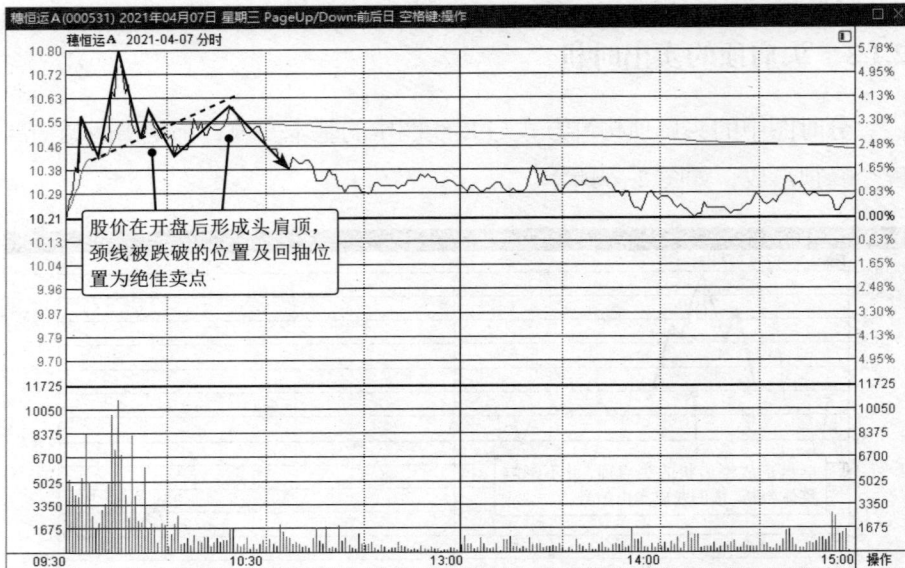

图 2-7　穗恒运 A 在 2021 年 4 月 7 日的分时图

　　从分时走势中可以看到，穗恒运 A 在 2021 年 4 月 7 日这一天是以几乎平开的价格开盘的。在开盘后股价就出现了快速的上涨，一路上冲至 10.55 元价位线附近，随后受到压制回落。

　　数分钟后，股价跌至均价线获得支撑止跌，之后迅速拐头上涨，在经历两次小幅度的停滞和回调后，来到了 10.80 元价位线附近。由于成交量的缩减，股价没有在顶部停留，很快便转向下跌，又经历了小幅反弹，随后来到了均价线下方。

　　在跌破均价线后，股价再次回升，上涨的高点小幅越过了 10.55 元价位线。此时，股价出现了头肩顶的雏形，低点的连线构成了颈线，只要股价跌破颈线，形态就能成立。

　　股价在越过 10.55 元价位线后很快拐头下跌，数分钟后就跌破了前期低点连线，也就是颈线，形成了头肩顶形态。

　　这里的头肩顶形态还是非常清晰的，并且股价在跌破颈线后还形成了一次大幅度的回抽，此时则是一个非常不错的卖出点，投资者可在此进行抛售。

2.2　均价线与股价线配合使用

分时图中的均价线是由当前总成交金额除以当前总成交股数计算得到的，是反映股价实时成交平均价格波动的趋势线，与 K 线图中的均线指标有异曲同工之妙。

均价线对股价有支撑作用也有压制作用，主要取决于其与股价线之间不同的位置关系。当二者之间产生位置变动及交叉形态时，就会向投资者发出不同的信号，其中一些就是明确的卖出信号，短线投资者需要对此特别关注。

2.2.1　股价线受到均价线压制

股价线受到均价线压制指的是股价在运行过程中，长时间位于均价线下方，受到均价线的压制而无法上攻或进行有效突破压力位，如图 2-8 所示。

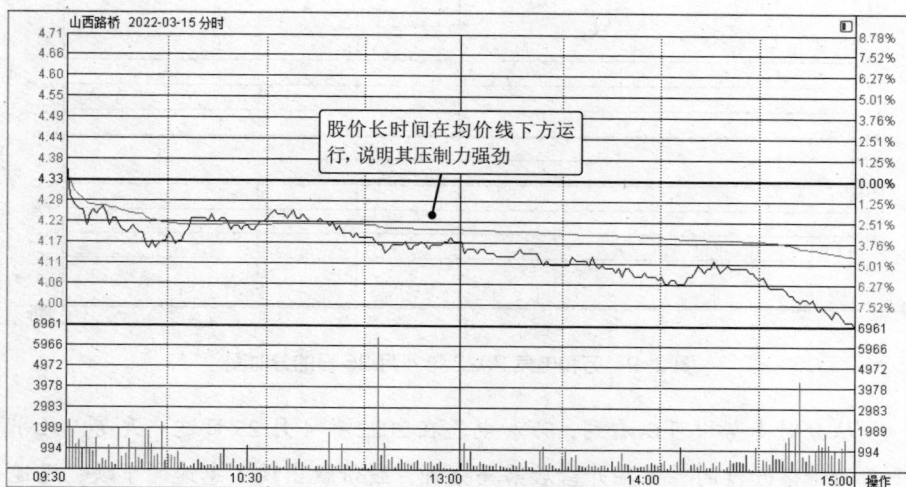

图 2-8　分时图中股价线受到均价线压制

当均价线对股价线产生压制时，往往需要较大的动能支撑才能推动股价突破其压制进入上涨。并且股价在多次上攻不破后，会更加巩固均价线的压制力，后期的突破难度会更高，股价大概率会反复下跌，给投资者造成持续性的损失。

因此，投资者在发现股价多次上攻不破，整体呈现下滑状态后，就要当机立断，在股价接近均价线的相对高位出货，及时止损。

下面来看一个具体的案例。

实例分析

万和电气（002543）股价线受到均价线压制时如何操作

图 2-9 所示是万和电气 2022 年 4 月 25 日的分时图。

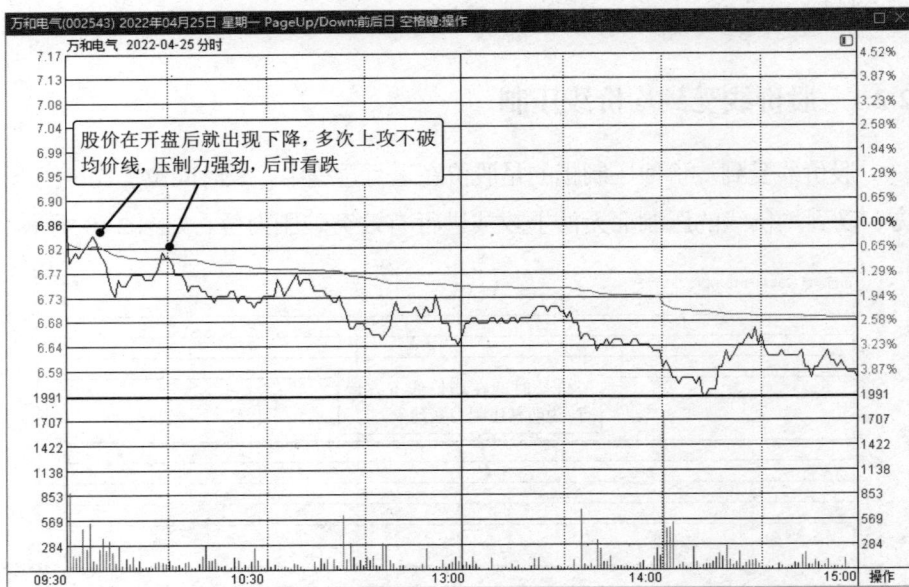

图 2-9　万和电气 2022 年 4 月 25 日的分时图

从分时走势中可以看到，万和电气在 2022 年 4 月 25 日这一天是以几乎平开的价格开盘的。但在开盘后第一分钟，股价就出现了急速的下跌，迅速跌破均价线后来到 6.79 元价位线附近。

股价在此价位线附近止跌后回升，但在后续小幅突破均价线后又被压制下跌，再一次回到了其下方，显示为无效突破。这是均价线向投资者发出的第一次警告，说明股价上涨动能不足以支撑其突破压力位。

数分钟后，股价跌至 6.73 元价位线附近再次止跌回升，并于 9:57 左右再次突破了均价线。但此次股价在上方停留的时间更短，3 分钟后就跌回了均价线下方，再次释放了卖出信号。

连续两次上攻不破，并且股价高点在不断下移，说明整体趋势在下降，并且均价线的压制力非常强，后市股价很难再有新的突破。投资者在发现这一点后，就需要尽早在股价靠近均价线的相对高位卖出。

2.2.2　股价线下穿均价线

股价线下穿均价线指的是股价在前期还保持在均价线上方运行，但在某一时刻下跌并直接跌穿均价线，随后运行到其下方，如图 2-10 所示。

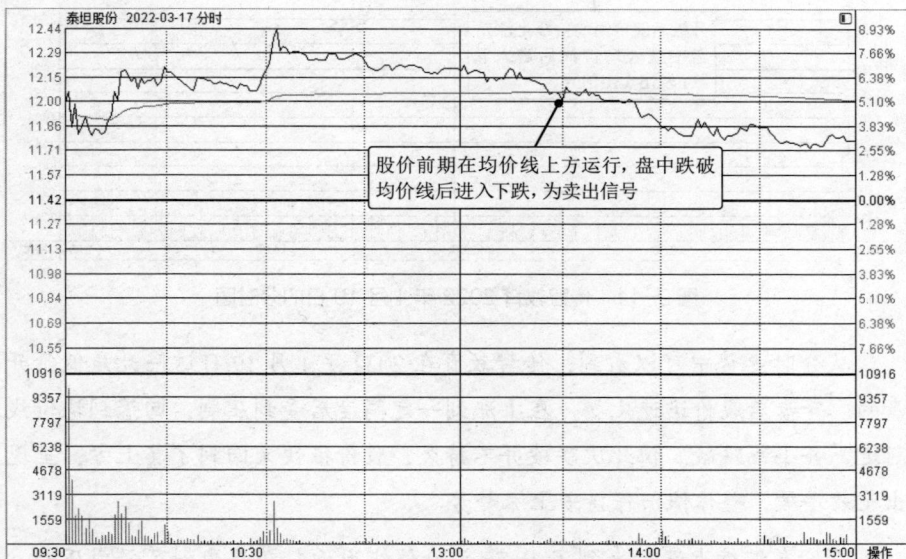

图 2-10　分时图中股价线下穿均价线

股价线跌破均价线需要是有效跌破，也就是后续回抽未能再次回到上方，这样的跌破才会发出比较可靠的看跌信号。同样的，投资者在遇到有效跌破时，就需要尽快卖出。

下面来看一个具体的案例。

实例分析
传智教育（003032）股价线下穿均价线时如何操作

图 2-11 所示是传智教育 2022 年 1 月 19 日的分时图。

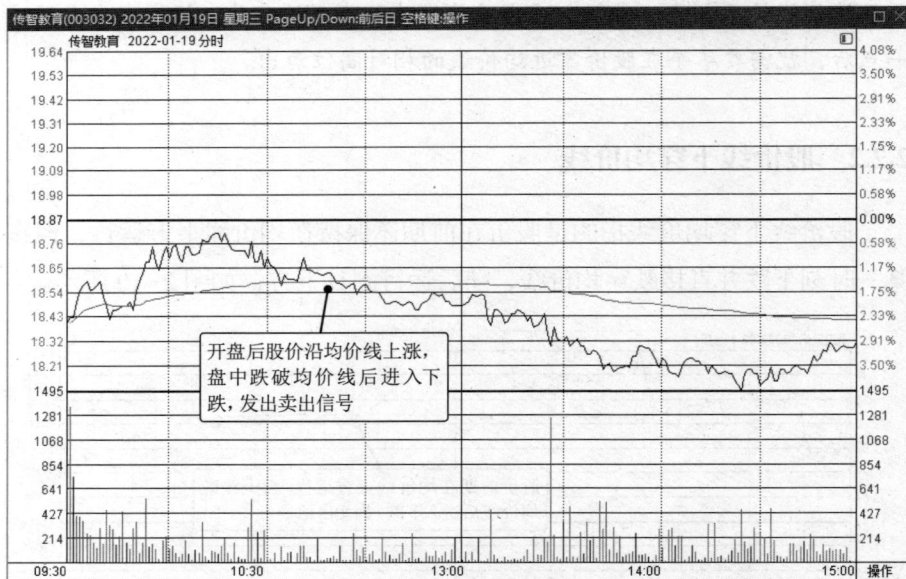

传智教育(003032) 2022年01月19日 星期三 PageUp/Down:前后日 空格键:操作

传智教育 2022-01-19分时

开盘后股价沿均价线上涨，盘中跌破均价线后进入下跌，发出卖出信号

图 2-11　传智教育 2022 年 1 月 19 日的分时图

从分时走势中可以看到，传智教育在 2022 年 1 月 19 日这一天是低价开盘的。开盘后股价迅速上扬，在上涨到一定高度后受到压制，回落到均价线附近，并小幅跌破。但此次跌破并不持久，股价很快又回到了其上方，呈现出无效跌破，整体依旧保持着上涨趋势。

股价在继续上涨后来到了 18.76 元价位线附近，在此受到了强力压制，进入横盘震荡。在该价位线附近波动了较长时间，最终股价还是拐头下跌，跌至均价线上方时止跌震荡了一段时间，但十几分钟后还是彻底跌破了均价线，运行到其下方。

在跌破均价线后可以看到，股价线进行了数次小幅的回抽，都未能回到其上方，均价线的支撑作用转为压制作用。此时，投资者就需要尽快择高卖出，保住收益。

从后续的走势也可以看到，股价在跌破均价线后持续下滑，留给投资者的卖出点越来越低，损失也越来越大，可见及时出局的重要性。

2.2.3　股价线上扬时均价线下行

股价线上扬时均价线下行是一种运行方向相反的背离形态。要形成这样的背离，股价在前期需进行一段时间的下跌，带动均价线下行后，在某一时刻出现反弹，这就与下行的均价线形成了背离，如图 2-12 所示。

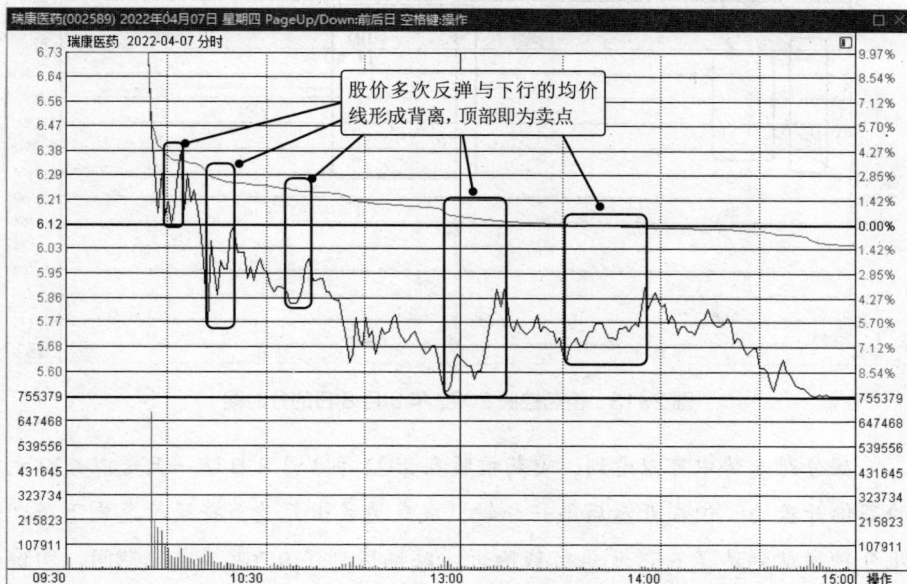

图 2-12　分时图中股价线上扬时均价线下行

当二者形成背离时，股价会有一段时间的上涨。如果股价线此时处于均价线下方，均价线的压制力又比较强，那么股价很可能在靠近或小幅越过均价线后就拐头向下，回到下跌轨道中，那么反弹的顶部就是比较好的出局时机。

下面来看一个具体的案例。

实例分析

重药控股（000950）股价线上扬时均价线下行如何操作

图 2-13 所示是重药控股 2022 年 3 月 8 日的分时图。

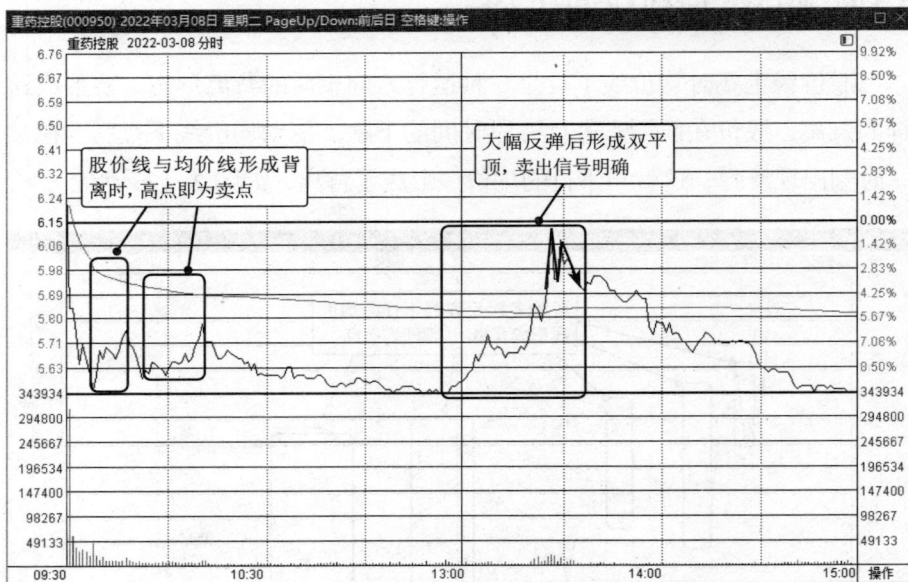

图 2-13　重药控股 2022 年 3 月 8 日的分时图

从分时走势中可以看到，重药控股在 2022 年 3 月 8 日这一天是以 6.29 元的高价开盘的。但在开盘后第一分钟，成交量放出天量，将股价急剧下压，几分钟内就到达了 5.55 元价位线附近，跌幅达到了 9.76%。在此期间，均价线被急剧下跌的股价线下拉，形成了下跌走势。

股价在跌至 5.55 元价位线后很快拐头上涨，与下降的均价线形成背离。但此时均价线的下行角度很大，压制力比较强，股价很难直接突破均价线，因此可视为一段反弹，投资者可在反弹顶部卖出一部分。

在股价见顶下跌后不久，又出现了一次类似的走势，投资者可使用同样的操作手法。在此之后直到临近早间收盘，股价都在震荡下滑。

早盘收盘的前几分钟，股价开始回升。下午时段开盘后该股延续上涨走势，与依旧在缓慢下滑的均价线形成了又一次背离。这一次背离股价的涨势明显更为强势和快速，在后续还有突破均价线的迹象，可能会进入上涨轨道，投资者可持股观望。

13:21 左右，股价强势突破均价线，在小幅回踩后再次上冲，彻底站到了均价线上方，呈现积极上涨的走势，股价似乎找到了新的发展方向。但在数分钟后，股价就接触到了顶部，在随后形成了双平顶形态，并很快下跌，接近均价线。

双平顶的形成说明这又是股价的一次反弹，只是反弹幅度比较大，后市依旧看跌。因此，投资者在双平顶出现后就要迅速将最后一批筹码卖出，从而降低损失。

2.3　分时成交量与大单反映出卖点

成交量的变化是股价产生波动的最基本推动力，当成交量呈现为地量或是极度缩量时，也就不存在大笔买卖，更无法通过多空双方的博弈改变股票价格，走势将趋于平稳。

而过多的成交量，也就是投资者常说的巨量、天量等，则会导致股价产生相对剧烈的波动，如暴涨暴跌、冲高回落、触底回升等走势。大单就隐藏在巨量和天量之中，这些大单由于涉及资金量较大，有大概率是主力的委托单。

投资者通过分析分时图中大单的出现和成交量的缩放，就有机会摸清主力的意图，进而抓住合适的卖点。

2.3.1　早盘高开放量压价

早盘高开放量压价指的是股价在某个交易日以高价开盘后，在第一分钟或几分钟内，成交量出现单根或数根巨量量柱，将股价急速下拉，形成开盘暴跌走势，如图 2-14 所示。

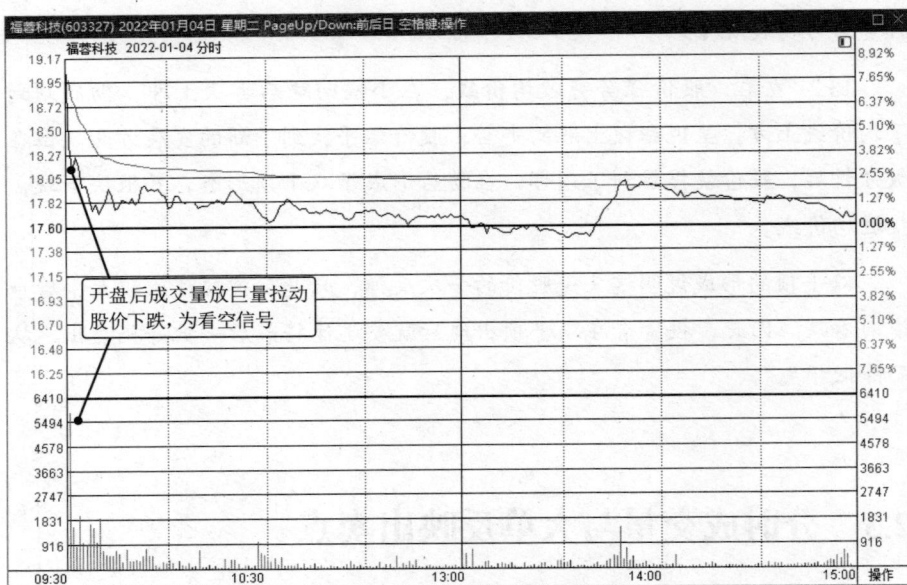

图 2-14　早盘高开放量压价

在开盘就出现暴跌，很有可能是主力在高位出货或是在上涨途中清理浮筹造成的，也有可能是在下跌行情中股价反弹，高位获利盘集中抛售导致的，主要取决于股价当前所处的位置。

但无论股价处于何种位置，开盘暴跌后，股价大概率会进入下跌，形成高开低走的走势。短线投资者在阶段顶部发现这样的走势后，需要果断做出决策，在股价形成更大的跌幅之前卖出，保住前期收益。

下面来看一个具体的案例。

实例分析
天马科技（603668）早盘高开放量压价形态的卖点

图 2-15 所示是天马科技 2020 年 8 月 31 日的分时图。

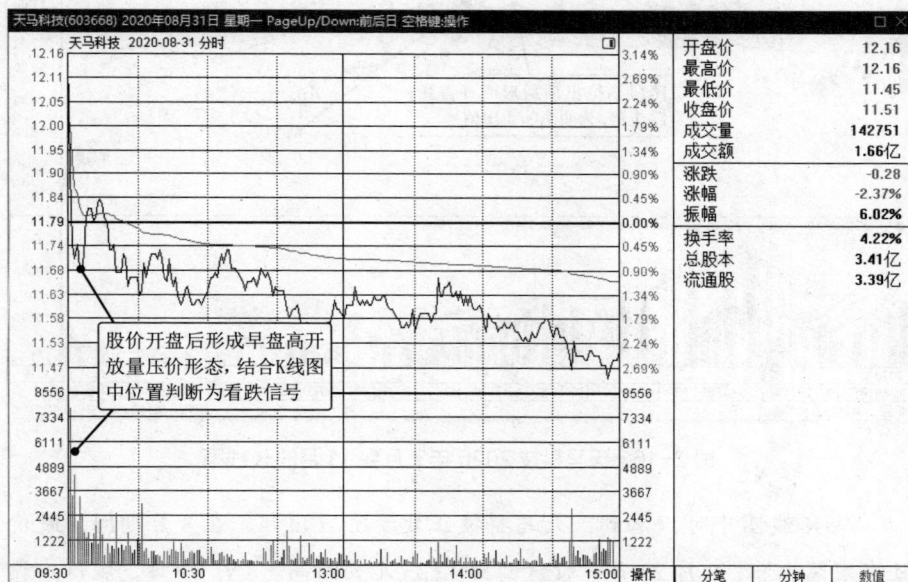

图 2-15　天马科技 2020 年 8 月 31 日的分时图

从分时走势中可以看到，天马科技在 2020 年 8 月 31 日这一天是以 12.16 元的高价开盘的。但在开盘后第一分钟，成交量就放出了巨量，拉动股价急速下跌，直到跌至 11.68 元价位线附近才止跌，形成了早盘高开放量压价形态，传递出卖出信号。

股价在止跌后很快便拐头向上，但在上涨至均价线附近时就受到压制，围绕均价线横盘一段时间后就向下跌去，反映出均价线此时的压制作用，后市大概率看跌。

此时，投资者还可以结合 K 线图中当时股价所处的位置来判断形态是如何产生的，以做出相应的决策。

图 2-16 所示是天马科技 2020 年 7 月到 11 月的 K 线图。

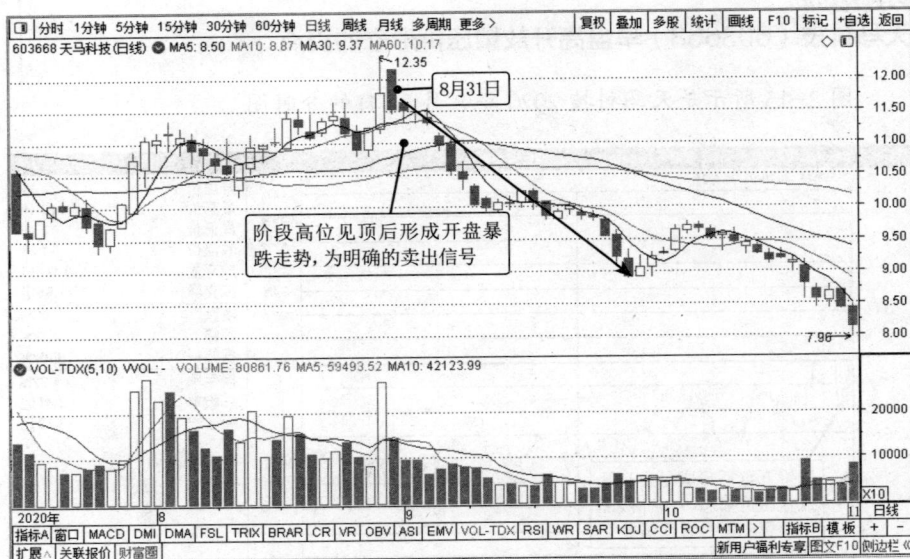

图 2-16　天马科技 2020 年 7 月到 11 月的 K 线图

从 K 线图中可以看到，天马科技正处于阶段顶部。在 8 月期间，股价还在震荡上涨，8 月 28 日，股价创出 12.35 元的新高。8 月 31 日，股价出现了快速的下跌。

在经历一段时间上涨后的阶段顶部形成早盘高开放量压价形态，意味着场内出现了集中的抛盘，主力也在趁机卖出，后市看跌概率大。

因此，投资者在确定股价位置及形成原因后，就需要在当日的相对高位分批卖出，保住已有收益。

2.3.2　早盘放量冲高回落

早盘放量冲高回落指的是股价在开盘后，成交量突然放出一根或数根巨量量柱将股价快速推高，上冲到一定位置后又拐头下跌，成交量回缩，形成冲高回落走势，如图 2-17 所示。

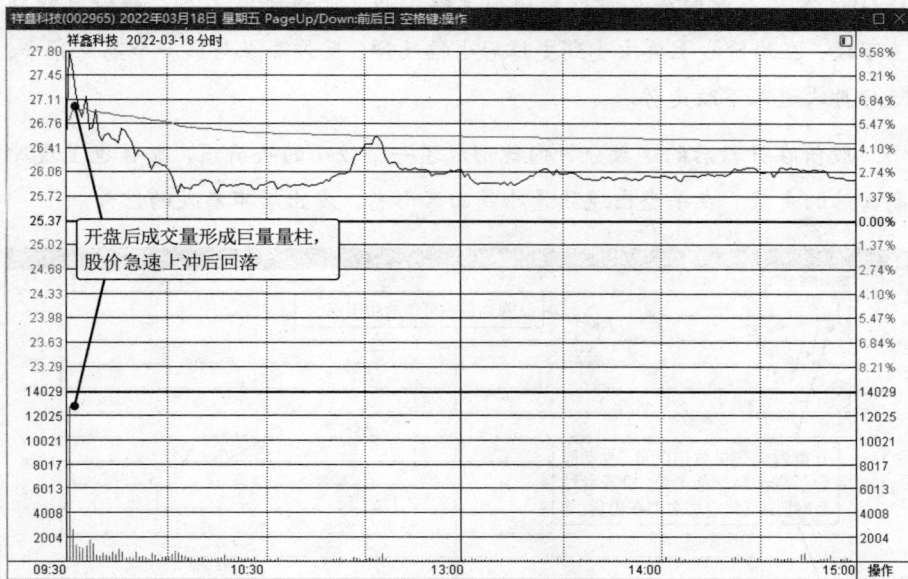

图 2-17　早盘放量冲高回落

出现这样的走势，往往是主力在高位拉高出货的表现，或是在阶段顶部拉高后迅速压低，达到清理浮筹的目的。

在形态出现后，股价可能会一路下滑，也可能会在后期小幅回升，但短时间内的下跌是不可避免的。因此，投资者最好在成交量放量，股价冲高回落后迅速出局。

下面来看一个具体的案例。

实例分析

阳谷华泰（300121）早盘放量冲高回落形态的卖点

图 2-18 所示是阳谷华泰 2021 年 3 月 18 日的分时图。

从图 2-18 可以看到，阳谷华泰在 2021 年 3 月 18 日这一天是以高价开盘的。开盘后第一分钟，成交量形成巨量量柱，推动股价积极上涨，很快便来到了 15.39 元价位线附近。

股价在受压后小幅回落到均价线上，得到支撑后很快再次上攻，达到了
15.60 元左右。此时成交量已经出现大幅缩减，上涨动能不足，股价只能拐
头下跌，在均价线上再次受到支撑后小幅反弹，反弹高点与第一个高点齐平，
随后再次进入下跌走势。

股价在开盘后的这数分钟内就形成了一个较小的头肩顶，整体也呈现冲
高回落的走势。在早盘出现放量冲高回落形态，发出后市看跌的信号。

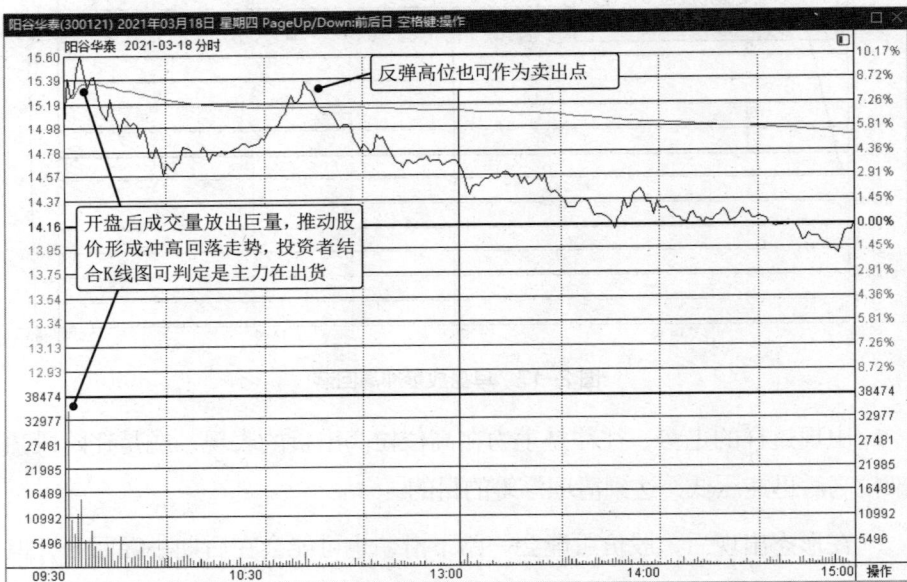

图 2-18　阳谷华泰 2021 年 3 月 18 日的分时图

此时，把握不准后市走势的短线投资者可以结合 K 线图来判断应该使
用何种策略。

图 2-19 所示是阳谷华泰 2021 年 1 月到 7 月的 K 线图。

从 K 线图中可以看到，阳谷华泰正处于上涨行情的顶部。从 1 月到 2 月
中旬，股价还在积极上涨，直到 2 月 22 日，股价创出 16.08 元的新高后冲高
回落，一路下滑至 60 日均线上受到支撑，开始又一次的上冲。

但此次股价的上攻并未得到成交量的支撑，说明这可能只是一次反弹，

股价很难冲破前期高点。

3 月 18 日正是此次反弹后期的一个交易日，当早盘成交量放出巨量后，在 K 线图中可以明显看出，当日的量能相较于前期急剧放大，证明这大概率是主力的拉高出货行为。

因此，在发现主力意图后，投资者就应当立即在 3 月 18 日当日冲高回落之后迅速卖出，或是在后续的反弹高位择高出局。

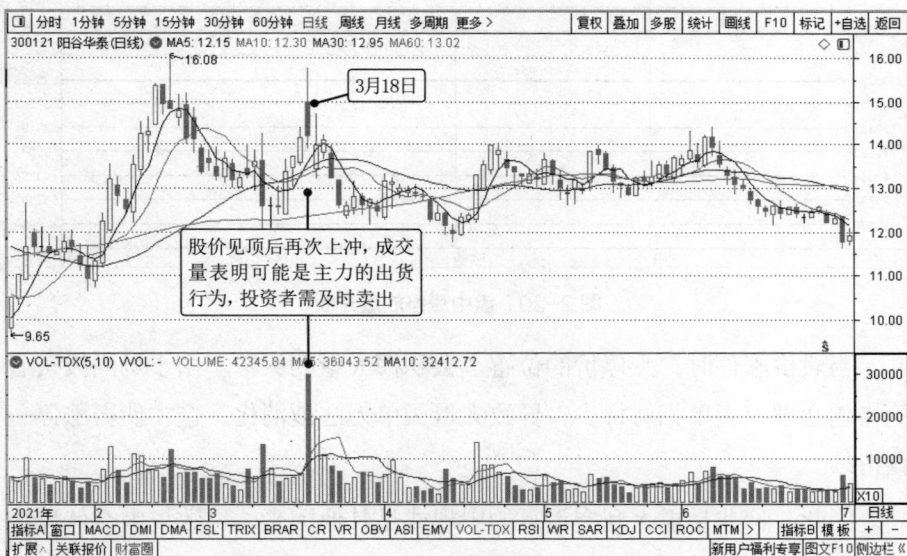

图 2-19　阳谷华泰 2021 年 1 月到 7 月的 K 线图

2.3.3　盘中涨停放量开板

盘中涨停放量开板指的是股价在盘中出现了涨停，但在某一时间段，成交量出现单根巨量量柱或是短时间集中放量，将涨停板直接砸开，导致股价跌到涨停板以下，甚至持续下滑。

图 2-20 所示是盘中涨停放量开板形态。

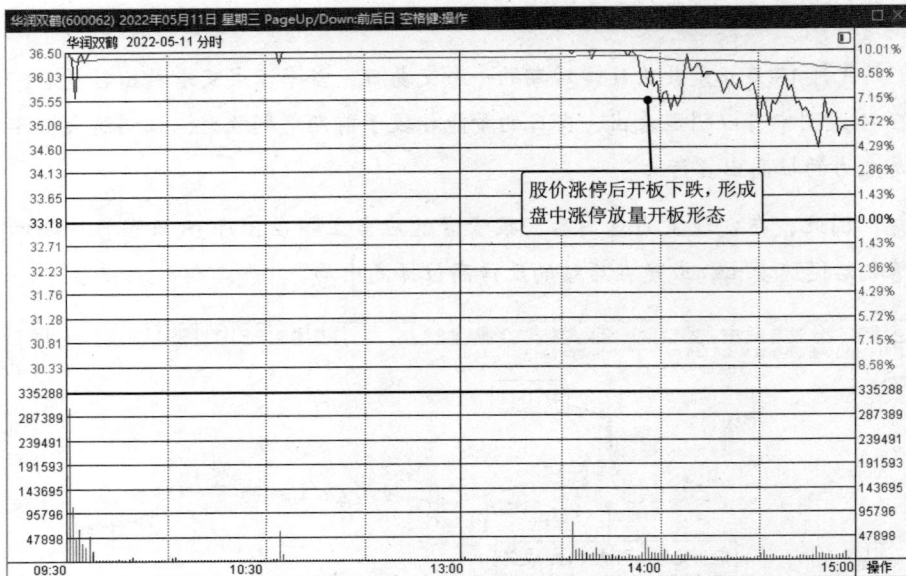

图 2-20　盘中涨停放量开板

当股价涨停时，涨停价的位置上会积攒大量的买单。由于场内投资者的惜售心理，卖单相对稀少，导致大量买单无法被消化，这才使得涨停一直持续。

因此，除非是重大利空消息的出现或是其他因素，导致场内突然集中大批量出货，消化掉涨停价上的全部买单，使得股价下跌，那么就只有资金雄厚的主力才能制造出这样的效果。

当股价在阶段顶部或是行情顶部被砸开涨停板导致下跌，主力的意图不是震仓就是出货，二者都会使得股价出现一段时间的下跌，只是后者的跌势会更为猛烈。因此，投资者在高位遇见盘中涨停放量开板，股价持续下跌的形态时，最好跟随主力卖出，保住已有收益。

下面来看一个具体的案例。

实例分析

中国医药（600056）盘中涨停放量开板形态的卖点

图 2-21 所示是中国医药 2022 年 3 月 31 日的分时图。

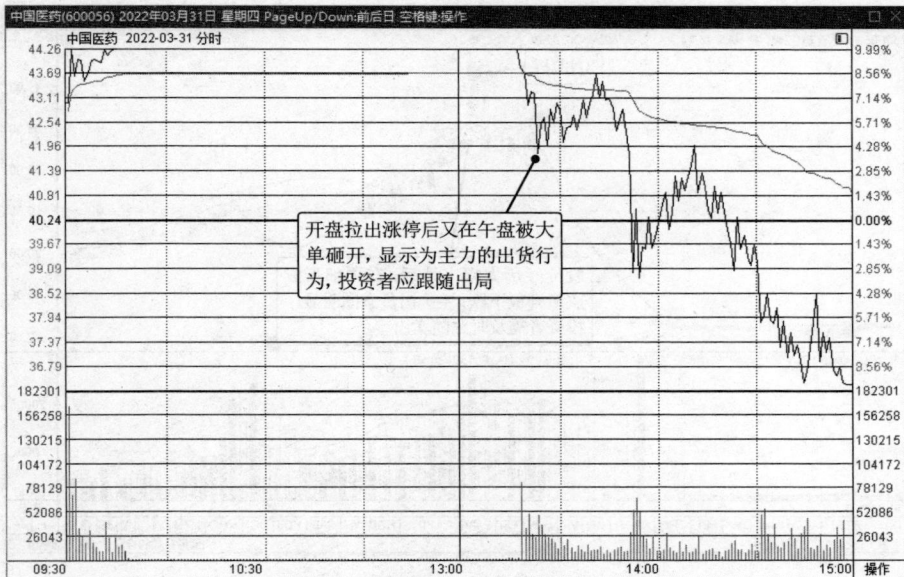

图 2-21　中国医药 2022 年 3 月 31 日的分时图

从分时走势中可以看到，中国医药在 2022 年 3 月 31 日这一天是以高价开盘的。开盘后成交量急剧放量，推动股价在十几分钟内就冲上了涨停板，并且封板直至早盘结束。

单从早盘的走势来看，股价的涨势非常积极，表现出主力拉升的意图，投资者可持股保持观望。

下午时段开盘后，股价依旧维持着封板状态。直到 13:18，成交量放出巨量，大卖单接连出现，直接砸开了涨停板，股价迅速跌落到均价线以下，直至 41.96 元价位线附近才受到支撑回升。

在短短几分钟内，股价的跌幅就超过了 5%，结合卖盘接连不断的大卖单来看，主力很有可能在开盘后将股价推到涨停，待到盘中积累一定量的买单后大批卖出，达到快速出货的目的，后市大概率会继续下跌。

此时，再来看当日股价在 K 线图中所处的位置。

图 2-22 所示是中国医药 2022 年 1 月到 6 月的 K 线图。

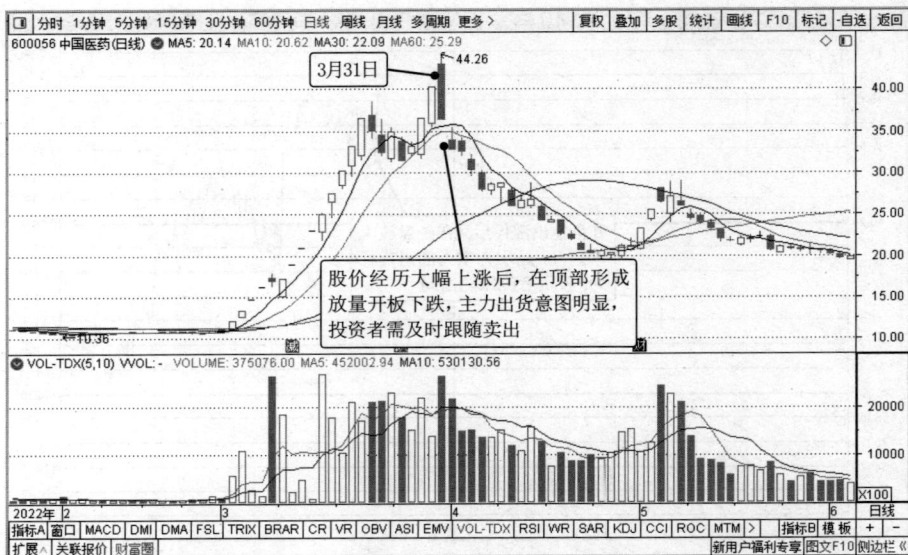

图 2-22　中国医药 2022 年 1 月到 6 月的 K 线图

从 K 线图中可以看到，中国医药正处于上涨行情的顶部。从 1 月到 2 月，股价还在低位横盘震荡，从 3 月开始，股价就出现了连续涨停式的拉升，短时间内实现了多次翻倍，涨幅非常惊人。

3 月 31 日正是股价拉升暂缓，表现出滞涨后再次上冲的一个交易日，而在此之前的两天拉涨，成交量已经开始缩减，反映出涨势将尽。成交量缩量后的一个交易日出现盘中涨停放量开板形态，加强了股价见顶的信号，主力的出货意图非常明显。

因此，投资者在分时图中观察到涨停板打开后大卖单持续不断，股价快速下跌的走势时，就应该意识到主力的出货行为，然后跟随主力积极卖出，保住前期收益。

2.3.4　盘中缩量震荡下跌

盘中缩量震荡下跌指的是成交量在开盘后小幅放量，之后成交量出现缩减，使得股价在震荡中下行，呈现出消极的走势，如图 2-23 所示。

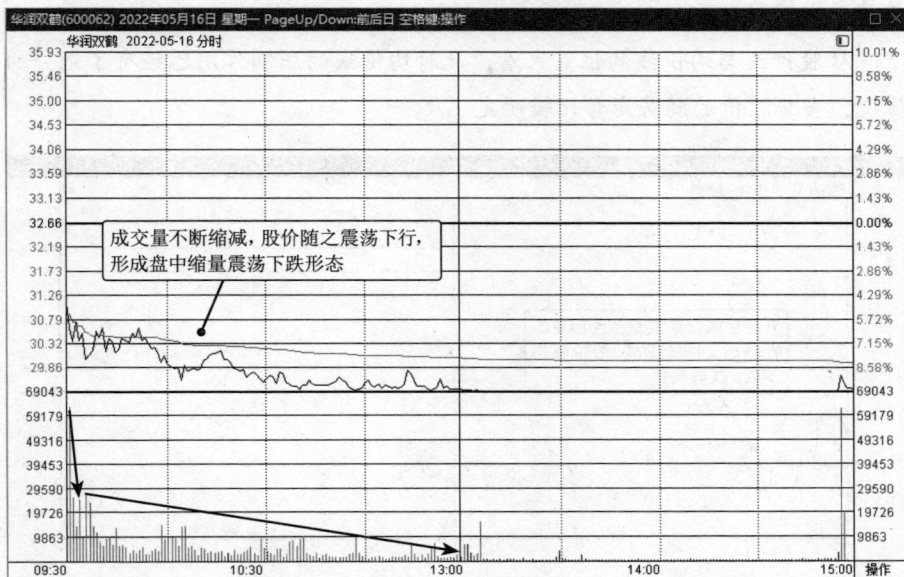

图 2-23 盘中缩量震荡下跌

这样的走势往往出现在下跌过程中，是市场处于弱势的表现，短时间内股价将出现一定程度的下跌。投资者如果在股价从顶部滑落后发现这样的走势，对股价下跌的判断将得到确定，当日就应该择高卖出。

下面来看一个具体的案例。

实例分析

浙江富润（600070）盘中缩量震荡下跌形态的卖点

图 2-24 所示是浙江富润 2021 年 6 月 22 日的分时图。

从图 2-24 可以看到，浙江富润在 2021 年 6 月 22 日这一天是以低价开盘的。开盘后成交量有巨量放出，推动股价快速上冲到前日收盘价附近。但很快成交量出现缩减，股价上冲动力减弱，最终拐头下跌。

在后续的交易时间内，成交量量能不断缩放，但整体依旧呈缩减状态。

股价在其带动下反复震荡，低点下移，进入了缓慢下跌之中，形成盘中缩量震荡下跌形态。

从股价线与均价线的位置来看，此时均价线的压制作用已经有了充分的体现，当日股价的弱势走势比较确定。

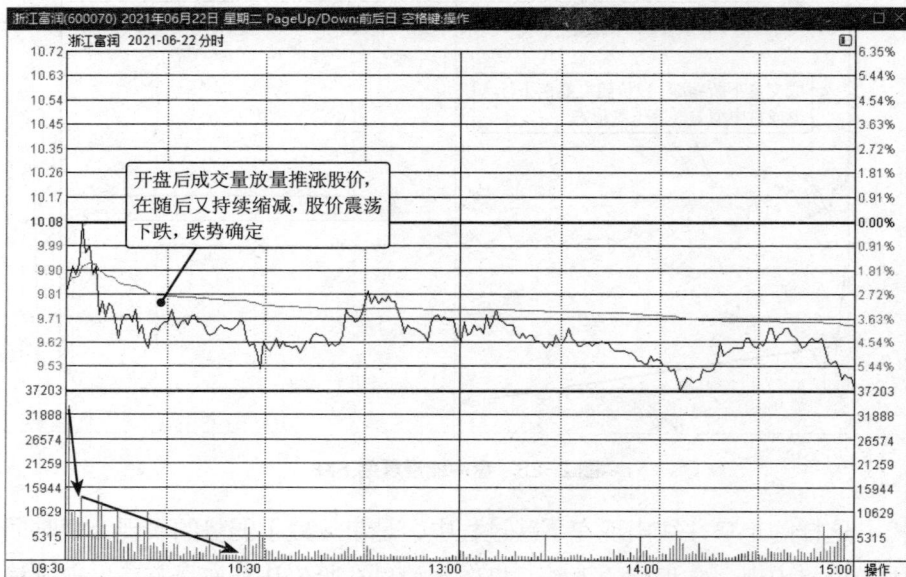

图 2-24　浙江富润 2021 年 6 月 22 日的分时图

此时再来看当日股价在 K 线图中所处的位置。

图 2-25 所示是浙江富润 2021 年 5 月到 8 月的 K 线图。

从图 2-25 可以看到，浙江富润正处于股价的阶段顶部。在 5 月期间，股价还在低位横向盘整，直到 6 月中旬时，股价突兀形成连续一字涨停，最高来到了 10.80 元的位置，随后见顶下跌。

在股价冲高回落后，又接连收阳小幅反弹了两个交易日，到了第三个交易日，也就是 6 月 22 日时再次收阴下跌，并形成了盘中缩量震荡下跌的形态，确定了下跌趋势。此时，投资者就要坚定自己的看跌判断，及时卖出。

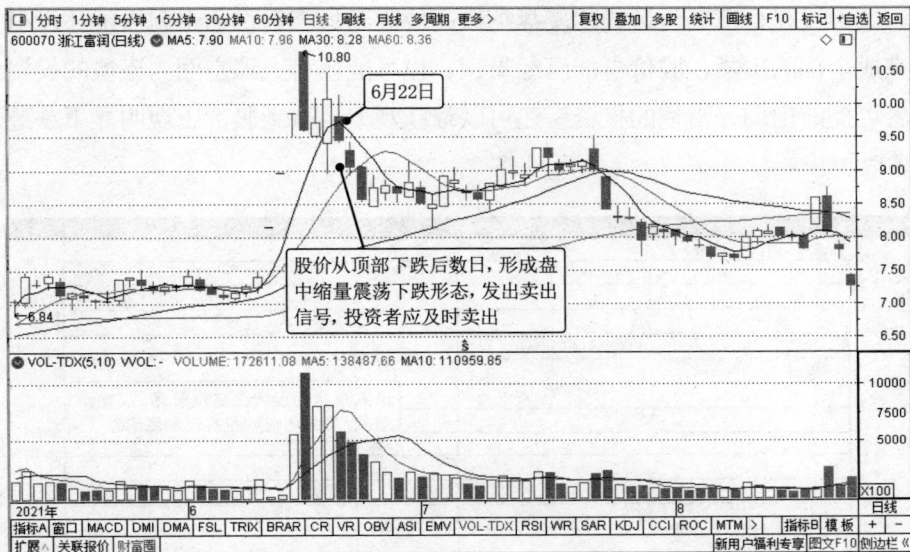

图 2-25　浙江富润 2021 年 5 月到 8 月的 K 线图

2.3.5　尾盘缩量高位震荡

尾盘缩量高位震荡指的是股价在盘中呈现持续上涨或是震荡后上涨的走势，临近尾盘时已经到达了高位，但成交量却在缩减，股价失去继续上涨的动力，开始在高位横向震荡，如图 2-26 所示。

尾盘失去上涨动力的走势，往往意味着多方势弱，场内积累的获利盘开始集中抛售，导致股价不断在高位震荡。其出现的位置不同，传递的信号强度和操作策略稍有区别。

- ◆ 如果形态出现在阶段顶部，就意味着股价在经历一定幅度的上涨后，盘中抛压逐渐加强，后市即将进入回调或下跌之中。短线投资者此时就应该跟随获利盘抛售，将收益兑现。

- ◆ 如果形态出现在行情的顶部，那么股价的震荡就有可能是主力离场的表现。主力在前期通过一边拉升一边抛售的手法完成了一批出货，进入尾盘后不再操作，导致股价失去上涨动力，进入横盘。

不过在行情高位形成的尾盘缩量高位震荡形态，说明主力可能还没有完成全部的出货，股价可能已经见顶，也可能还有上涨空间。谨慎的投资者可提前出局，惜售的投资者还可以继续观望，待到股价出现明显下跌迹象时再出局。

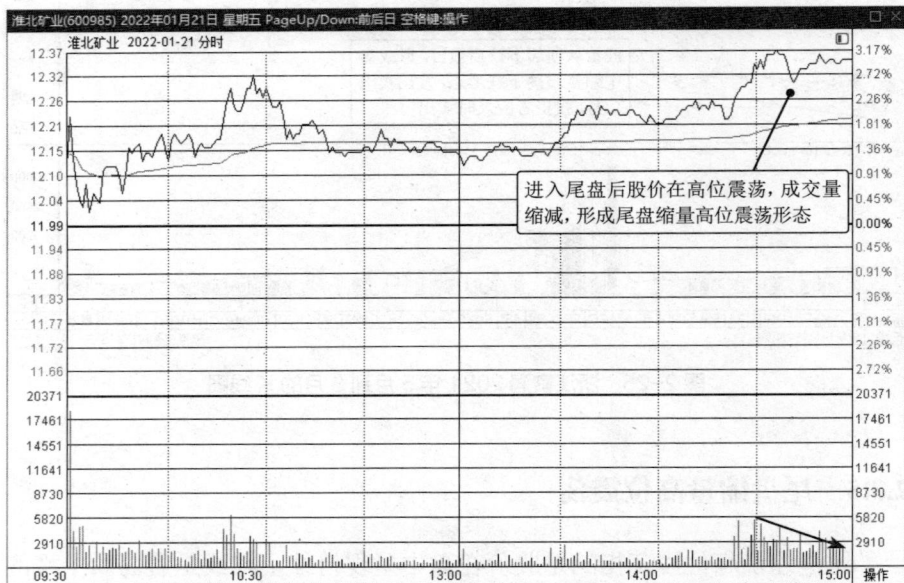

图 2-26　尾盘缩量高位震荡

下面来看一个具体的案例。

实例分析

人福医药（600079）尾盘缩量高位震荡形态的卖点

图 2-27 所示是人福医药 2020 年 8 月 5 日的分时图。

从图 2-27 可以看到，人福医药在 2020 年 8 月 5 日这一天是以低价开盘的。开盘后股价就进入了持续的上涨，尽管期间出现了数次回调，但都在均价线上方受到了支撑，整体涨势非常稳定。临近早盘结束时，股价已经上涨至 36.98 元价位线附近，并围绕其做横向震荡。

下午时段开盘后，股价小幅上涨到 36.98 元价位线上方，但涨势没能坚持太久，数分钟后就拐头向下，跌破了该价位线。

当 36.98 元价位线被跌破后，该价位线就转化成了压力线，股价在后续反复上冲都未能成功突破到该价位线上方，最终下滑到 36.50 元价位线附近。临近尾盘时，股价开始横向震荡，但成交量却出现了缩减，形成了尾盘缩量高位震荡形态。

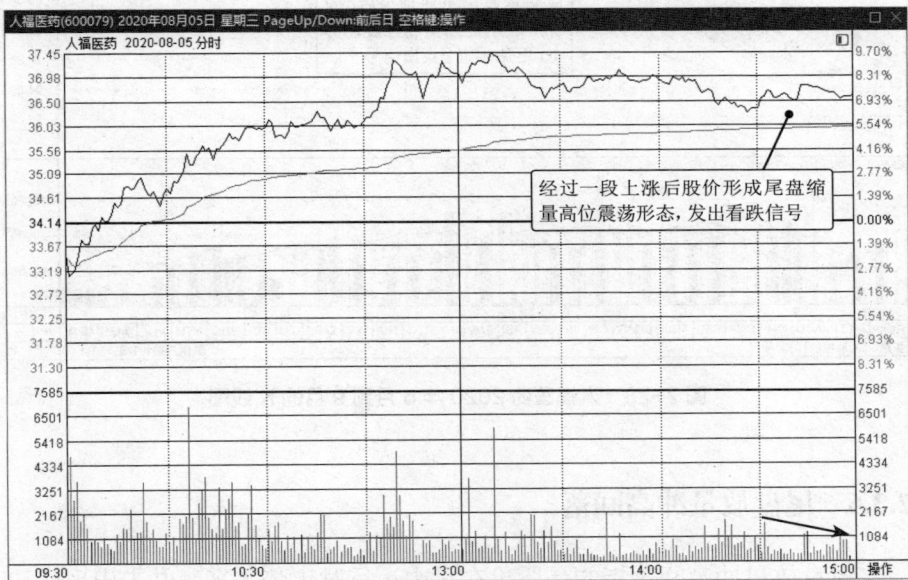

图 2-27　人福医药 2020 年 8 月 5 日的分时图

此时，投资者在无法判断后市走向的情况下，就有必要结合当日股价在 K 线图中所处的位置来分析。

图 2-28 所示是人福医药 2020 年 6 月到 9 月的 K 线图。

从 K 线图中可以看到，人福医药正处于行情的顶部。从 6 月到 7 月，股价都保持着积极的上涨。只是到 7 月底时，成交量达到了阶段性的峰值，后续股价再上涨就没有量能放大的支撑，行情随时可能见顶。

8 月 5 日正是成交量开始缩减后，股价还在上涨的一个交易日。在成交量已经发出见顶预警后，股价再形成尾盘缩量高位震荡形态，传递的卖出信号就更加明确了，投资者最好提前出局。

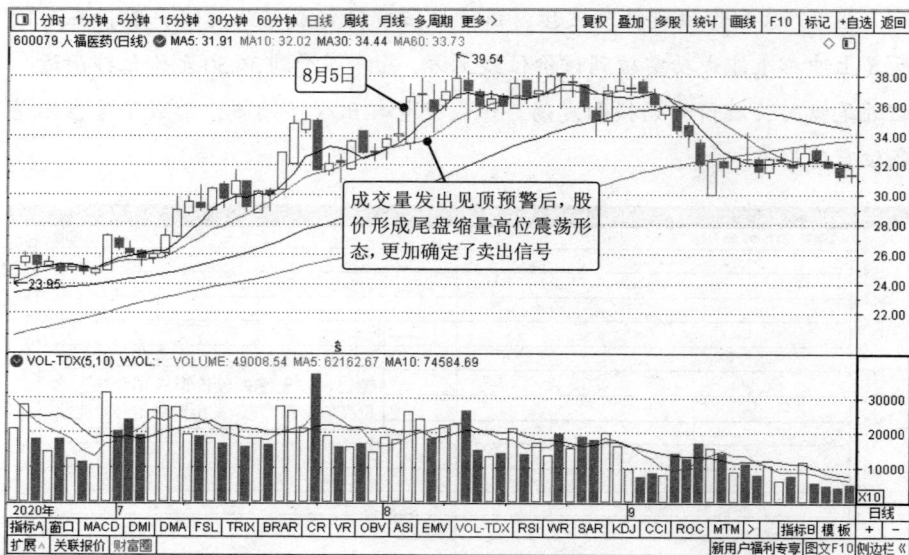

图2-28　人福医药2020年6月到9月的K线图

2.3.6　尾盘放量冲高回落

尾盘放量冲高回落指的是股价在盘中运行时走势平平，并未出现快速的上涨或是下跌，但在临近或进入尾盘时成交量放出大量，推动股价快速上冲，最终形成冲高回落走势。

在尾盘形成冲高回落走势，其出现的位置和含义与尾盘缩量高位震荡比较相似，区别在于主力出货的位置。

在形成尾盘冲高回落的过程中，主力的出货点集中在冲高后的高点，以及后续下跌的阶段中。并且在形态出现后，后市很有可能会继续下跌，甚至连续数日收阴，因此投资者需要及时出局。

下面来看一个具体的案例。

实例分析

大名城（600094）尾盘放量冲高回落形态的卖点

图 2-29 所示是大名城 2019 年 4 月 23 日的分时图。

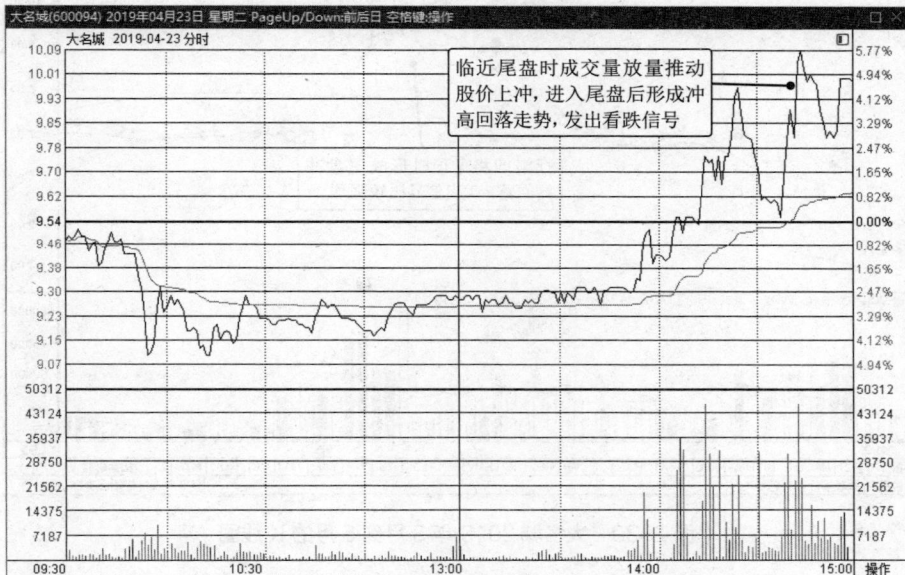

图 2-29 大名城 2019 年 4 月 23 日的分时图

从分时走势中可以看到，大名城在 2019 年 4 月 23 日这一天是以低价开盘的。开盘后股价围绕均价线震荡了一段时间，随后拐头下跌，运行到均价线以下，直至临近早间收盘时才小幅回升到均价线上方。

午间开盘后，股价紧贴着均价线横向运行，临近 14:00，成交量出现脉冲式放量，股价接连上冲，在经历一系列震荡后来到了 9.93 元价位线附近。但随即股价便拐头下跌，回落到均价线附近受到支撑后再次上冲到达了更高的位置，接近 10.09 元。

在股价到达高位后，成交量开始快速缩减，失去支撑的股价快速拐头向下，形成尾盘冲高回落走势。虽然在最后几分钟股价有所上涨，但高点未能突破上一次的高点，冲高回落依旧成立，发出了看跌预警。

此时再来看当日股价在 K 线图中所处的位置。

图 2-30 所示是大名城 2019 年 3 月到 5 月的 K 线图。

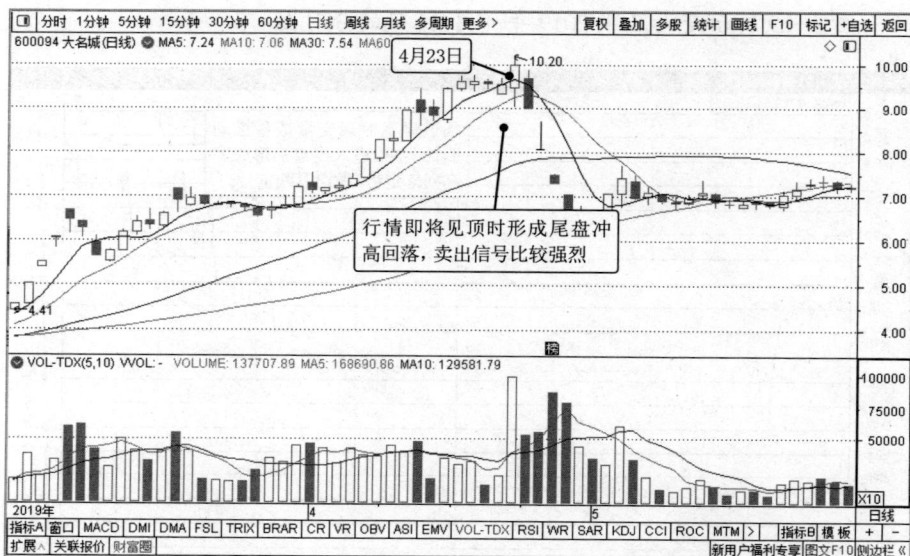

图 2-30　大名城 2019 年 3 月到 5 月的 K 线图

从 K 线图中可以看到，大名城正处于上涨行情的顶部。在经历长时间的上涨后，股价于 4 月中下旬来到了 9.50 元价位线附近，进入了滞涨。结合上涨期间走平的成交量来看，股价随时可能见顶。

4 月 23 日正是股价滞涨后再次上冲的一个交易日，在此时形成了尾盘冲高回落形态，是很强的主力出货预警，后市下跌概率大，投资者最好及时跟随出局。

第3章

成交量异动反映短线见顶

　　成交量是K线图及分时图中的重要分析要素，也是最为常用的技术指标之一。成交量的变动会直接影响股价的走向，比如放量使得股价上扬，缩量导致股价下跌等。成交量形态发出的卖出信号对于短线投资者来说十分实用，它能够提高顶部预判的成功率。

3.1 极端量能出现后的卖点

在股价运行的过程中，成交量会不断进行缩放，这是市场中买卖盘活跃程度的表现。而极端的量能指的是不太常见的急剧放量和急剧缩量，这也被称为天量和地量。

成交量的极端量能并没有严格的数据定义，往往是利用一段时间内成交量的相对放量和缩量程度来进行判断。

其中，天量是比较好发现的，一般来说，当日量能是前一个交易日的5～10倍及10倍以上时，则被称为天量，如图3-1所示。

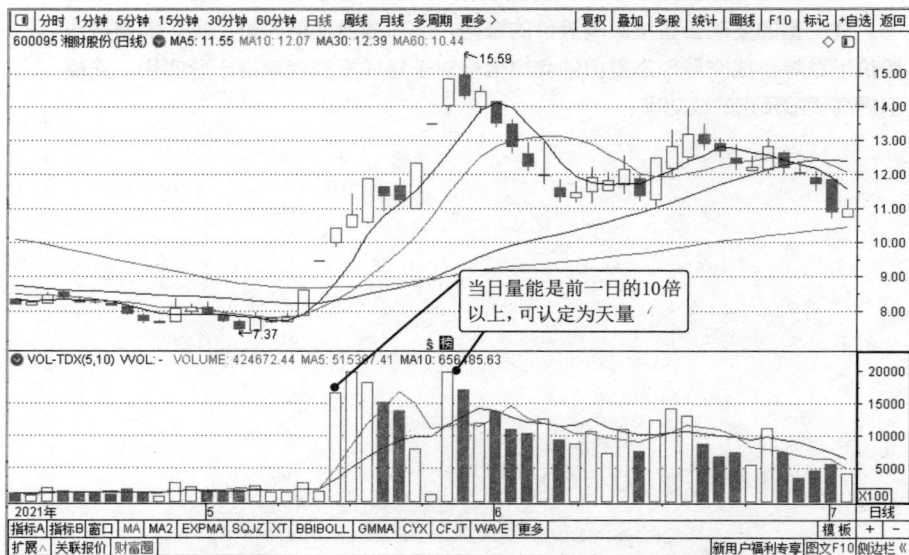

图3-1 K线图中的天量

而地量就没有合适的衡量标准了，往往指的是在一段时间内，成交量缩减到一定程度后无法再缩小时，所形成的量能低谷。

并且地量也并不仅仅指单个交易日，大多数时候会覆盖到一整段低谷，如图3-2所示。

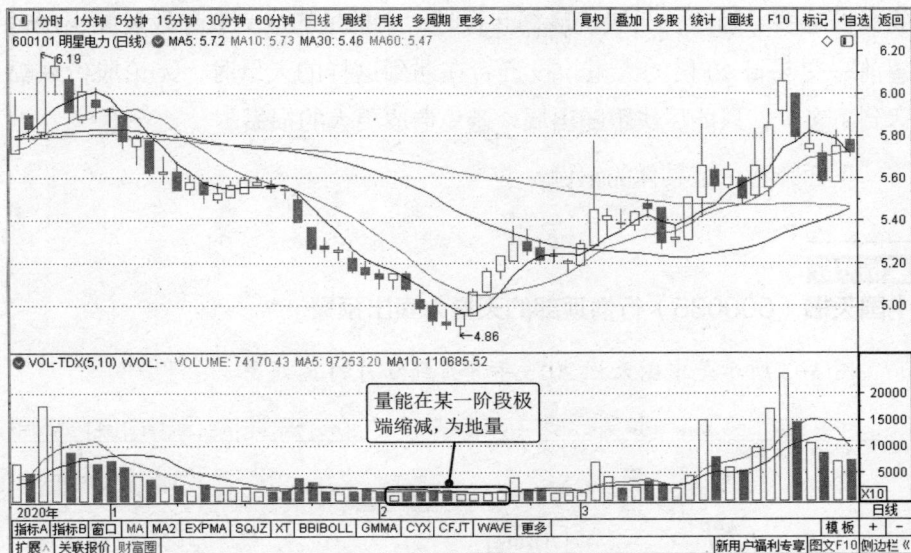

图 3-2 K线图中的地量

出现在特定位置的极端量能可以反映出市场内不同寻常的走势，进而帮助短线投资者判断趋势变化情况，决策是否可以卖出。

3.1.1 行情顶部出现的天量

在行情顶部出现的天量，主要有见顶之前和见顶当天或见顶之后的区别。在行情见顶之前出现的天量，可能是主力在进行边拉升边出货的操作时造成的，买卖委托双管齐下，导致量能爆发，形成天量，是股价即将见顶的预示。

在行情见顶当天或见顶之后形成天量，同样也是主力和散户在出货的表现。只是在见顶后形成的天量，意味着主力离场意愿较为急迫，股价下跌的速度可能非常快，短线投资者需要果断跟随出局。

还有一种比较特殊的情况，就是一字跌停后的开板。在股价形成一字跌停时，跌停价上将积累大量的卖单，越是在高位形成的一字跌停，堆积的卖单越多。因此，当股价最终开板时，大批量的成交会导致量能出现远超前一交易日 10 倍的天量。投资者在遇到这样的天量时，无论股价跌幅达到了多少，只能尽快跟随出局，避免造成更大的损失。

下面来看一个具体的案例。

实例分析
中国天楹（000035）行情顶部的天量为卖出预警

图 3-3 所示是中国天楹 2015 年 5 月到 9 月的 K 线图。

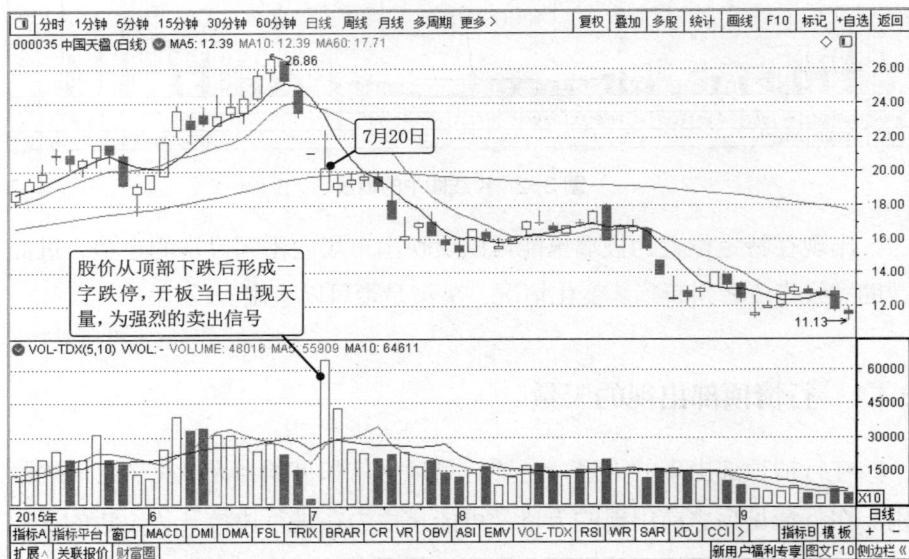

图 3-3　中国天楹 2015 年 5 月到 9 月的 K 线图

从 K 线图中可以看到，中国天楹正处于上涨行情的顶部。从 5 月到 6 月，股价一直维持着稳定的上涨，并且涨速到后期还有所加快。

但观察成交量可以发现，进入 6 月后不久，在股价还在上涨的过程中，量能就开始形成缩减，说明市场中的推动力开始减弱，是股价即将见顶的信号，要引起投资者重视。

6 月中下旬，股价在小幅越过 26.00 元价位线后受到阻碍，在达到最高

26.86 元的位置后冲高回落。次日，股价在低开后震荡低走，盘中大部分时间都被限制在均价线以下运行，最终以 4.92% 的跌幅收出一根阴线。

后续的一个交易日，股价更是跳空低开，形成又一根跌幅更大的阴线，预示着下跌的到来。在第二根跳空大跌的阴线出现后，股价就形成了极端的一字跌停。

此次的一字跌停是从高位滑落形成的，因此盘中会积攒非常多亟待出局的被套盘，在开板当日大概率会形成天量。

7 月 20 日，股价开板交易，在开板后成交量就出现了天量量柱，远远超过了前一日量能的 10 倍，后市继续下跌的概率极大。那么短线投资者此时就要非常果断，直接跟随卖出，及时止损。

3.1.2　阶段顶部出现的天量

在阶段顶部出现天量的位置主要分为上涨行情的拉升顶部和下跌行情的反弹顶部。

在上涨行情的拉升顶部出现天量，可能是连续一字涨停后获利盘集中抛售导致的，其中也会有主力的震仓行为，股价在短时间内会出现一定程度的下跌，短线投资者可跟随抛盘。

在下跌行情的反弹顶部出现天量，一般都是在接近行情高位的位置。此时主力还未完成全部筹码的抛售，便将股价再次拉升，到达合适的高点后大批卖出，进而形成天量。这也是后市下跌的预警信号，短线投资者需要尽快卖出持股。

下面来看一个具体的案例。

实例分析
东富龙（300171）阶段顶部的天量为卖出预警

图 3-4 所示是东富龙 2018 年 9 月到 12 月的 K 线图。

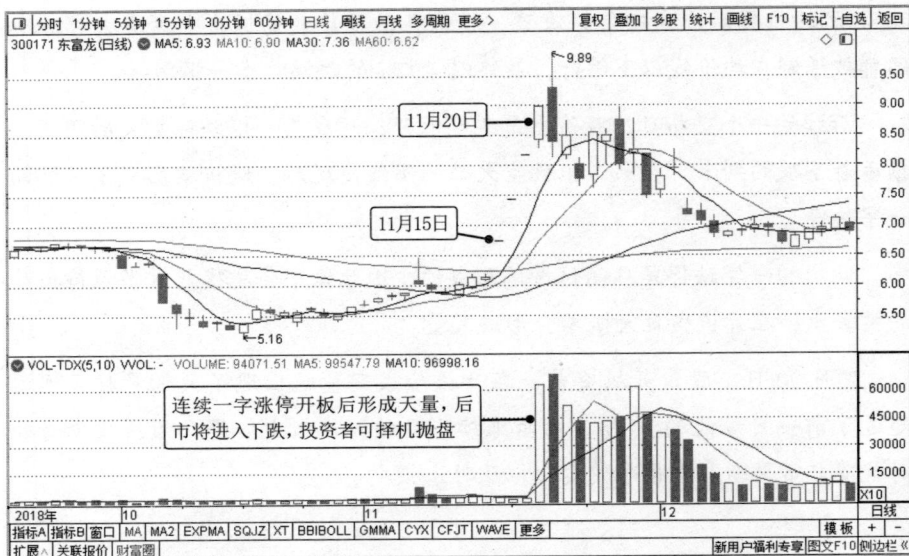

图 3-4　东富龙 2018 年 9 月到 12 月的 K 线图

从 K 线图中可以看到，东富龙正处于上涨行情的初期。在 9 月期间，股价还在相对低位横盘整理，直到 10 月初时，股价连续收阴加速探底。

到了 10 月中旬，股价创出 5.16 元的新低后止跌回升。在后续近一个月的时间内，股价缓慢上涨，逐渐来到了 6.00 元价位线附近。

11 月 15 日，股价突然开始了毫无预兆的一字涨停，连续三日后，最终于 11 月 20 日开板交易。盘中积累的大量获利盘涌出，交易量剧增，当日形成天量量能。

这一交易日股价虽然开板形成了天量，但在早盘期间就又被封到了涨停板上，直至收盘，当日形成一根涨停大阳线。由于开板时间较为短暂，许多短线投资者还没来得及离场，那么就可以等到次日股价再次开板时卖出，将已有收益兑现。

3.1.3　行情高位形成地量

在行情高位形成地量是一种比较少见的情况。一般来说，股价在高位正常运行和波动时，几乎不可能产生地量。因为股价的上涨在很大程度上归功于成交量的活跃，就算在上涨后期量能缩减，也很少缩减到低于前期上涨阶段的量能，更不会形成地量。

那行情顶部的地量是如何形成的呢？很简单，那就是突然出现的一字涨停或一字跌停。成交量在行情顶部出现地量，其具体的原因如下。

◆ 当地量形成的原因为一字涨停时，可能是主力构筑的多头"陷阱"。目的在于营造出后市继续上涨的假象，使得投资者纷纷追涨，在不知不觉间接收了主力派发的筹码，帮助主力完成出货，其实后市很快会见顶下跌，投资者需要特别注意。

◆ 当地量形成的原因为一字跌停时，就是强烈的看跌预警。这代表股价即将进入急速的下跌，尤其当一字跌停连续形成时，股价短时间内将迎来暴跌。投资者如果被套其中，只能在每个交易日尽早挂出卖单，也许还有机会在前面卖出，否则就只能等待开板。

下面来看一个具体的案例。

实例分析
先达股份（603086）行情顶部的地量为卖出预警

图 3-5 所示是先达股份 2019 年 3 月到 6 月的 K 线图。

从图 3-5 可以看到，先达股份正处于上涨行情的顶部。在 3 月期间，股价还在积极上涨，K 线大部分时间都在收阳攀升，很快将股价带到了 40.00 元价位线附近。

4 月 4 日，股价高开后震荡高走，接触到涨停板后又震荡了一段时间，最终在早盘结束时被封到了涨停板上，当日形成一根涨停大阳线，量能相较于前一日有大幅的放量。

4 月 8 日，股价以涨停价开盘，一直被封在涨停板上直至收盘，当日形成一根一字涨停，量能急速缩减，在接近顶部的位置形成了地量。

此时股价已经到达了较高的位置，并且成交量先于股价形成了峰值，发出见顶信号，那么，此时出现的一字涨停就有可能是主力的多头"陷阱"。如果投资者无法确定自己的判断，可以先继续持有，待到后续开板后观察股价走势，确定其下跌趋势后再出货也没问题。

从一字涨停后次日的K线来看，股价以低价开盘，开盘后形成了冲高回落的走势，创出了46.95元的最高价。短线投资者此时就可以确定后续的下跌走势，在高点择机卖出即可。

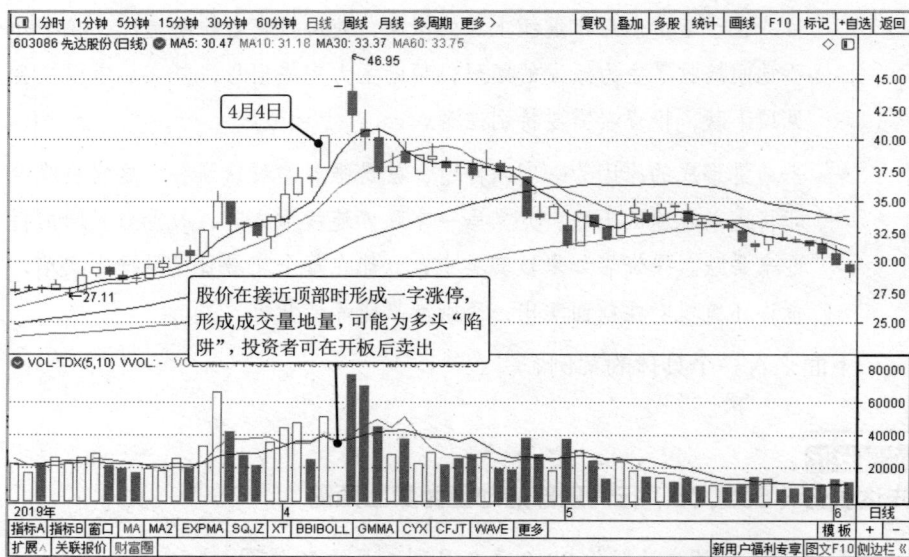

图 3-5　先达股份 2019 年 3 月到 6 月的 K 线图

3.1.4　阶段高位形成地量

阶段高位形成地量的位置主要分为上涨行情和下跌行情。在上涨行情中阶段高位的地量，一般是突然的一字跌停造成的，是主力通过快速拉低股价，催促短线获利盘尽快出局，巩固场内看多力量的表现。

通常情况下，上升行情中出现一字跌停形成地量之前，股价已经经历了一段幅度不小的上涨，为短线投资者带来了较为丰厚的收益。那么当股价阶段见顶下跌时，短线投资者也可以顺势出局，将利益兑现，同时避开后期的下跌。

而在下跌行情中的反弹顶部形成的一字跌停地量，则意味着场内抛压加重，空方极为强势，股价即将进入快速的下跌。此时，无论是被套的投资者还是抢反弹的投资者，都应该及时出局。

下面来看一个具体的案例。

实例分析

新日股份（603787）阶段顶部的地量为卖出预警

图 3-6 所示是新日股份 2019 年 9 月到 12 月的 K 线图。

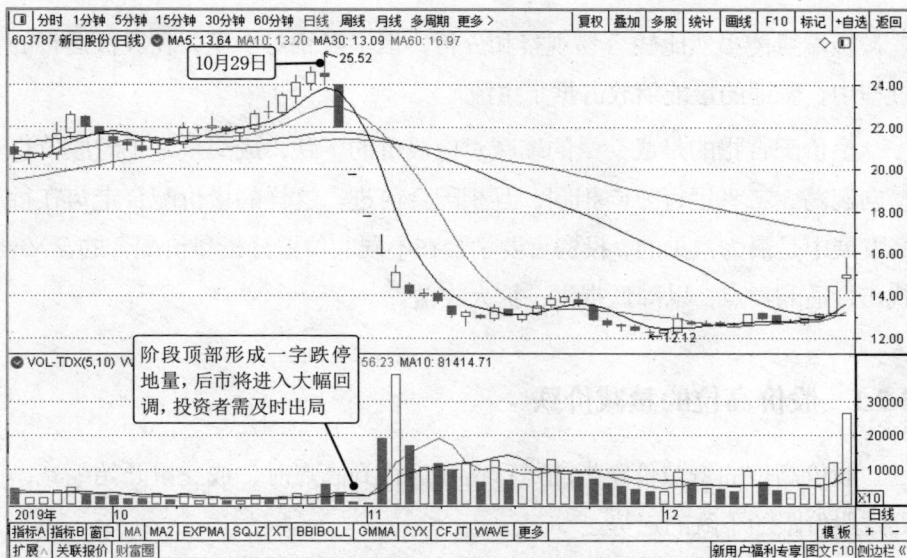

图 3-6　新日股份 2019 年 9 月到 12 月的 K 线图

从 K 线图中可以看到，新日股份正处于上涨行情中阶段的顶部。在 9 月期间，股价已经上涨至一定高位，涨速大大减缓，但依旧在向上攀升。

10 月底，股价接连数天收阳上涨，很快越过了 24.00 元价位线站到其上方。10 月 29 日，股价以低价开盘后急速冲高，又在几分钟内拐头下跌，形成冲高回落走势，当日创出 25.52 元的新高。

次日，股价低开后依旧快速下跌，在盘中经过长时间震荡后，最终以 9.90% 的跌幅收盘，当日几乎跌停，形成一根大阴线，预示股价后市看跌。

在后续的两个交易日内，股价连续跌出了两个一字跌停，将股价急速下拉，同时也形成了两个交易日的地量。在上涨行情的阶段顶部出现的一字跌停地量，是股价大幅回调的预警，短线投资者需要尽早挂单，或是在开板后快速卖出。

3.2 量价配合时的卖出时机

极端量能虽然比较容易观察和分析，但毕竟相对少见，在股价运行的过程中，普通的量能缩放占据了主流。

量价配合指的是成交量的缩减对应股价的下跌，成交量走平时股价也横向震荡，二者运行方向相同，互相配合前进。这样的量价配合走势在行情发展中是最为常见的，投资者要学会在不同的位置分析量价配合的含义，找出合适的卖点，以降低损失，扩大收益。

3.2.1 股价高位的量减价跌

股价高位的量减价跌指的是行情在运行到高点时，成交量开始缩减，导致股价跟随下跌的走势。

在股价见顶后立刻出现量减价跌，会在股价和成交量两处都形成类似倒 V 形顶的形态，并且二者的峰值相互对应。这样的量减价跌才是比较标准的，传递的卖出信号也非常可靠。

那么，短线投资者在观察到行情顶部的量减价跌形态出现时，就要尽早卖出。因为量减价跌的下跌速度比较快，每错过一次卖点，短期收益都会折损不少。

下面来看一个具体的案例。

实例分析

起帆电缆（605222）股价高位的量减价跌及时卖出

图 3-7 所示是起帆电缆 2021 年 10 月到 12 月的 K 线图。

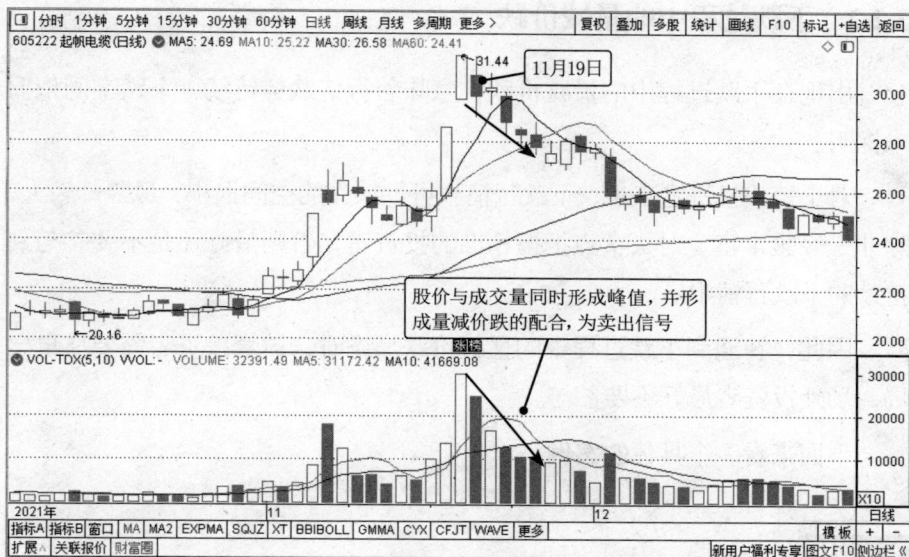

图 3-7 起帆电缆 2021 年 10 月到 12 月的 K 线图

从 K 线图中可以看到，起帆电缆正处于上涨行情的高位。在 10 月期间，股价还在相对低位缓慢上涨，小阴线与小阳线交错攀升。进入 11 月后，成交量逐步放量，股价快速上跳，数日后就来到了 26.00 元价位线以上，但场内抛压加重，股价不得不拐头下跌，进入回调。

11 月中旬，成交量再度放量，推动股价大幅收阳上涨，3 个交易日内就从 24.00 元附近上冲至最高 31.44 元，短期涨幅非常可观，成交量也同步上冲，达到了峰值。

但在股价创出新高的次日，也就是 11 月 19 日，股价低开后横向震荡了一段时间，随后向下跌去，最终以 5.22% 的跌幅收出一根阴线。与此同时，成交量也出现了同步缩减，初步形成了量减价跌的配合。

在后续的交易日中，股价在阴阳线交错中下跌，而成交量也在不断缩减，二者之间的量减价跌形态更为明显，传递出可靠的卖出信号。那么，此时短线投资者就要尽快卖出，降低下跌带来的损失。

3.2.2　下跌过程中的量减价跌

出现在下跌过程中的量减价跌，意味着行情跌势持续，下跌空间依旧未探明。

对于短线投资者来说，下跌行情中可供操作的空间很小，风险却较大，除非是经验丰富、对买卖点把握精准的投资者，否则最好还是不要参与到持续的下跌行情中。

因此，在遇到下跌过程中的量减价跌形态时，被套投资者需要尽早出局，场外投资者最好不要参与。

下面来看一个具体的案例。

实例分析

广联航空（300900）下跌过程中的量减价跌不要参与

图 3-8 所示是广联航空 2021 年 9 月到 2022 年 1 月的 K 线图。

从图 3-8 可以看到，广联航空正处于下跌过程中。从 2021 年 9 月到 10 月，股价还在快速下跌，直到 10 月底创出 26.78 元的新低后，才止跌并开始反弹。

在反弹的初期，股价涨速比较缓慢，在 11 月中旬时，成交量突然大幅放量，股价直接冲上涨停板，形成一根大阳线。在此之后，股价又小幅上冲了一段距离，最终在 42.00 元价位线上方受压回落，开始横盘震荡。

11 月底，股价再次收阳上冲，但未能突破前期高点，很快便收出一根大阴线，开启了下跌走势。此时观察成交量可以发现，股价在下跌的同时，量能也在不断缩减，呈现出量减价跌的配合状态，卖出信号明确，持有股票的短线投资者应立即卖出，场外的投资者不宜参与。

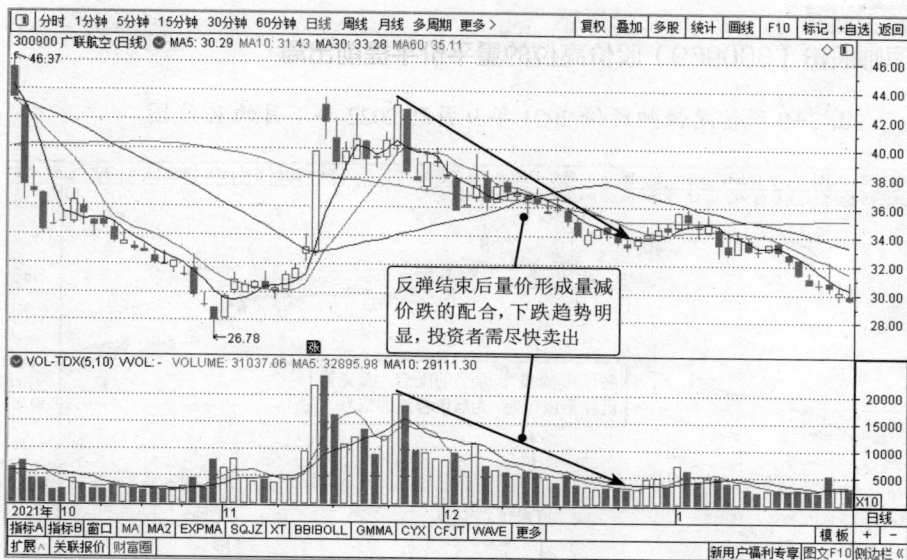

图 3-8 广联航空 2021 年 9 月到 2022 年 1 月的 K 线图

3.2.3 股价高位的量平价平

股价高位的量平价平指的是行情在运行到高位后动力不足，形成滞涨后的横盘状态，同时成交量也在小幅缩减后走平，二者形成量平价平的配合形态。

这是比较明显的推涨动力不足，股价无力上涨的表现。一般来说，在股价横盘的后期量能会发生或缩或放的变化，股价可能直接下跌，也有可能小幅上冲后见顶下跌。

但股价向下跌行情的转变是不可避免的，如果前期量能已经形成了量峰，那么谨慎的投资者就可以提前出局了，这是为了避免股价突然大幅下跌，造成亏损。

下面来看一个具体的案例。

实例分析

恒帅股份（300969）股价高位的量平价平提前出局

图 3-9 所示是恒帅股份 2021 年 9 月到 2022 年 1 月的 K 线图。

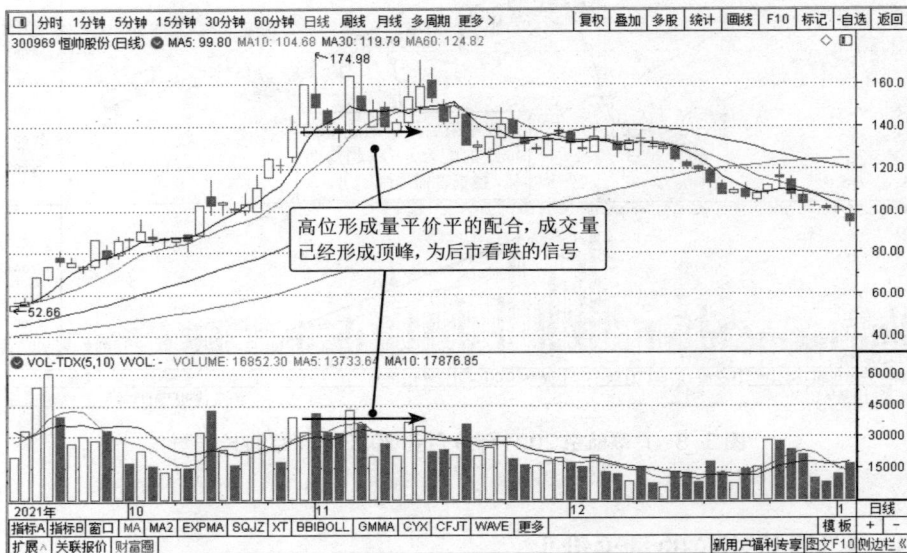

图 3-9　恒帅股份 2021 年 9 月到 2022 年 1 月的 K 线图

从 K 线图中可以看到，恒帅股份正处于上涨行情的顶部。从 2021 年 9 月到 10 月，股价还在震荡中快速上涨。直到 10 月底时，股价接触到了 160.00 元价位线，随后再度上冲，创出 174.98 元的新高后小幅回落，开始了在高位的横盘震荡。

股价震荡的过程中，长时间被限制在 140.00 元到 160.0 元的价格区间内，呈现走平的状态。与此同时，成交量也在不断缩放，但数次放量的高点都位于相近的位置，也属于走平形态，与股价形成了量平价平的配合。

结合前期的成交量来看，早在 9 月股价上涨时，量能就已经到达了顶峰。那么，此时股价的高位横盘就意味着上涨动力的缺乏，后市走势不容乐观，短线投资者需提前出局。

从后续的走势也可以看到，在股价横盘到后期时，成交量出现了缩减的变化，带动股价下滑来到了另一个盘整区间。在整理近一个月后，股价再次开始下跌，新行情更加明朗，跌幅也更大了，可见提前出局的优势。

3.2.4 下跌过程中的量平价平

下跌过程中的量平价平是多方的微弱反弹造成的。场内买压在增大，刚好能消化掉卖单，但并不能支撑股价有进一步的上涨。多空双方力量相当的情况下，最终形成了股价及成交量都走平的状态。

这样的形态出现在下跌行情的初期时，对被套盘来说是最有意义的，投资者可以在尽量靠近顶部的位置止损出局。

而当其出现在长时间的下跌过程中时，短线被套盘基本都已经出局完毕，这样的形态就是留给判断失误及在下跌途中入场的投资者一个合适的卖出机会。

下面来看一个具体的案例。

实例分析

振德医疗（603301）下跌过程中的量平价平止损卖出

图 3-10 所示是振德医疗 2021 年 3 月到 8 月的 K 线图。

从图 3-10 可以看到，振德医疗正处于持续的下跌行情中。从 3 月到 4 月，股价还在震荡并缓慢上涨，从均线的状态可以知道，这只是一段下跌途中的反弹。

4 月底，股价快速上冲到了 60.00 元以上，创出 60.58 元的新高后拐头下跌，快速下滑至 50.00 元价位线以下。

5 月初时，股价在 47.50 元价位线附近止跌，随后进入了横盘震荡，股价长时间在 47.50 元到 50.00 元的价格区间内窄幅震荡。在股价横盘的同时，成交量也缩减到一定程度，随后跟随走平，二者呈现出量平价平的配合。

在下跌行情中出现的量平价平，是多方反弹的表现。但长期均线的下跌走势，向投资者传递了行情趋势难以改变的信号，并且股价在靠近30日均线后，出现了继续下跌的迹象。

因此，场外的短线投资者最好不要参与幅度如此小的反弹，判断失误入场的投资者，也要及时在高点卖出。

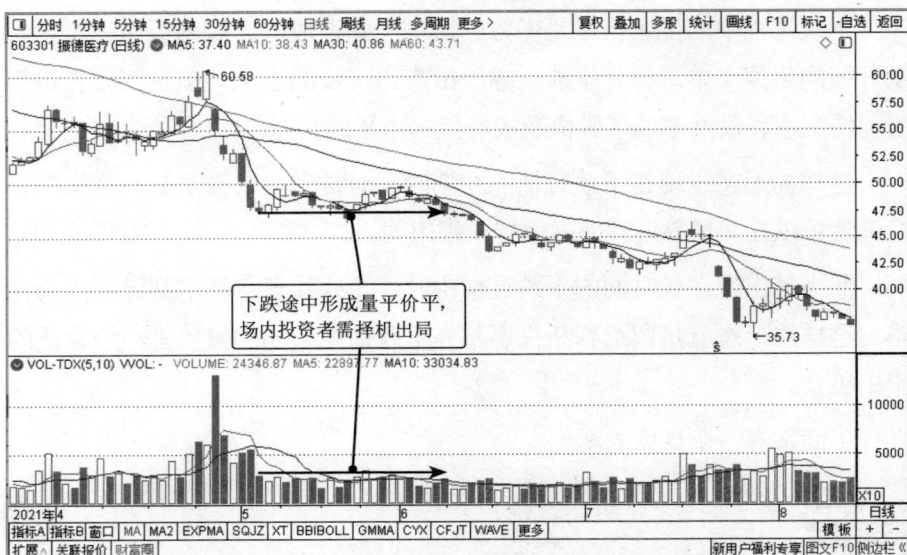

图 3-10 振德医疗 2021 年 3 月到 8 月的 K 线图

3.3 量价背离时的逃离位置

量价背离指的是成交量与股价的运行方向不一致，甚至相背而行的状态，一般是股价变盘的先兆信号。

量价背离的形态要比量价配合更丰富，主要包括量增价跌、量增价平、量缩价涨、量缩价平、量平价涨及量平价跌。当这些背离形态出现在特定位置时，会为短线投资者带来可靠的卖出信号。

3.3.1　下跌过程中的量增价跌逃离

下跌过程中的量增价跌指的是行情处于下跌状态时，股价在某一段时间内加速下探，但成交量却出现了放量，与股价形成了量增价跌的背离。成交量放量压价是场内卖盘大批量杀跌的表现，其中可能还有主力存在的痕迹。

下跌途中空方主动压价，意味着后市下跌空间很大，持股者急于出手，只能通过不断降低卖价的方式抛售，导致股价越来越低，最终形成了量增价跌的形态。短线投资者遇到这样的走势时就不能紧抓筹码不放，应尽快跟随卖方出局才是最好的选择。

下面来看一个具体的案例。

实例分析

泰格医药（300347）下跌过程中的量增价跌止损卖出

图 3-11 所示是泰格医药 2021 年 8 月到 2022 年 1 月的 K 线图。

从图 3-11 可以看到，泰格医药正处于下跌行情中。在 9 月期间，股价迅速从 130.00 元价位线附近反弹上冲至最高 180.00 元价位线，受阻后就回落到 170.00 元价位线附近，进行横盘震荡。

10 月初，成交量突然大幅放量，拖动股价收阴下跌，在随后的交易日里，股价开始缓慢下滑。10 月中下旬，成交量开始逐步放量，股价收阴幅度加大，很快便下跌到 160.00 元价位线以下，二者形成了量增价跌的背离。

从长期均线的走势来看，此时股价依旧是处于下跌行情的，尽管前期反弹幅度较大，但行情趋势向下。因此，下跌行情中形成的量增价跌，就是卖盘大批量杀跌，后市看空的信号，投资者需迅速卖出。

从后续的走势也可以看到，在经历一段时间的下跌后，股价来到了

140.00元价位线附近，在围绕该价位线上下波动后，于12月中旬又开始了快速下跌。股价再次下跌的同时，成交量还是呈现出放量，量增价跌的背离又一次形成，更加坚定了下跌趋势将延续的判断。

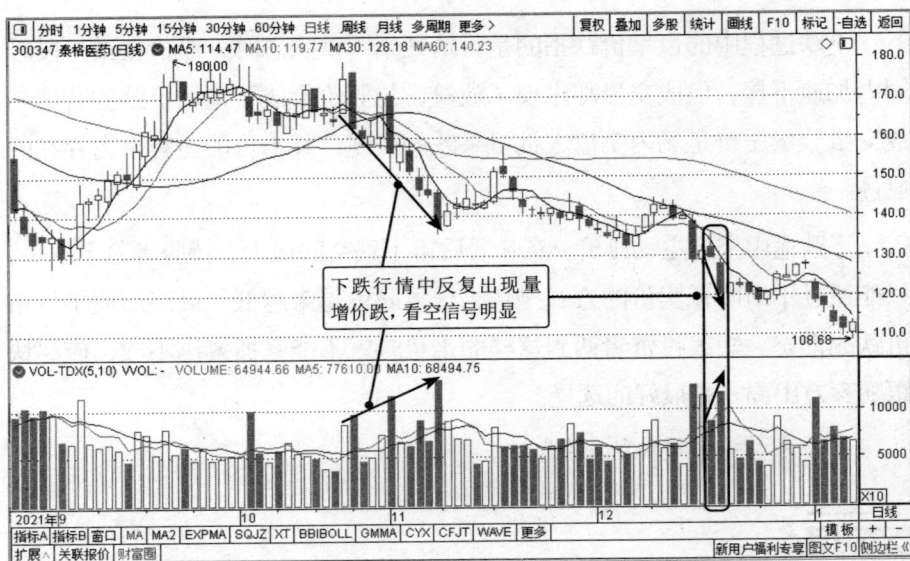

图3-11　泰格医药2021年8月到2022年1月的K线图

3.3.2　行情高位的量增价平滞涨

行情高位的量增价平指的是股价在经历长时间或大幅度的上涨后，来到了相对较高的位置，成交量虽然还在放量，但股价却已经无力上扬，呈现出量增价平的背离。

出现量增价平的形态，在很大程度上是主力和散户的集中出货导致的。当股价来到高位后，到达了投资者的预期目标，一点横盘或下跌的迹象就会导致止盈的获利盘大批卖出。

再加上主力分批的出货行为，使得成交额不断增加，量能持续走高。但买盘在消化掉这些卖单后已经所剩无几，难以支持股价继续上涨；于是便形成了量增价平的走势。

　　这是股价涨势将尽，即将见顶的信号。短线投资者在发现这样的走势后，应及时跟随获利盘出局。

　　下面来看一个具体的案例。

实例分析

华侨城 A（000069）行情高位的量增价平止盈卖出

　　图 3-12 所示是华侨城 A 在 2021 年 2 月到 6 月的 K 线图。

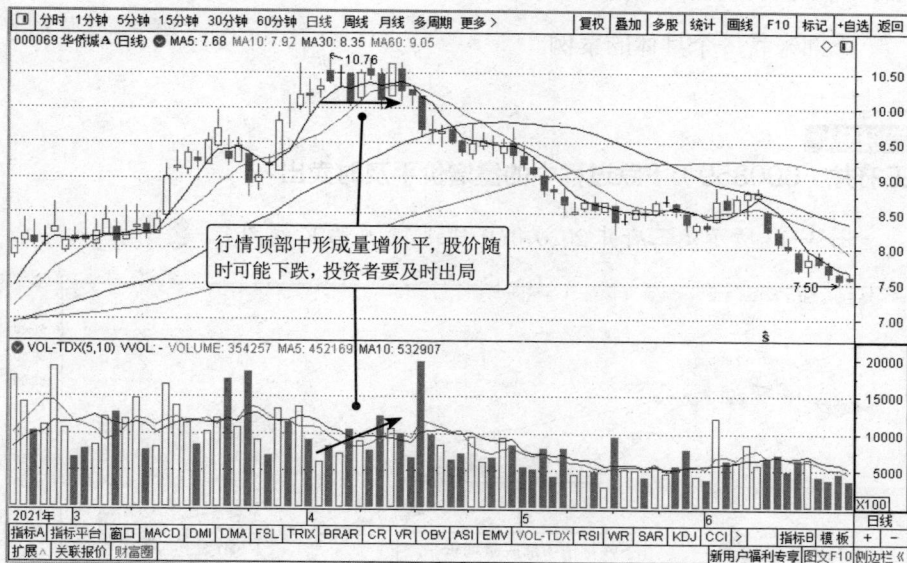

图 3-12　华侨城 A 在 2021 年 2 月到 6 月的 K 线图

　　从 K 线图中可以看到，华侨城 A 正处于上涨行情的高位。从 2 月到 3 月，股价还在震荡上涨。在进入 4 月后，股价上涨至 10.50 元价位线附近，随后便开始了横向震荡的走势，在此期间股价虽有波动，但大体都维持在 10.00 元到 10.50 元，呈现走平状态。

　　此时观察成交量可以发现，在股价平走的过程中，成交量却形成了放量的走势，整体与股价形成了量增价平的背离。

在行情的顶部出现这样的背离，意味着股价上涨缺乏动力，很难再创新高，后续随时可能出现下跌，投资者最好尽早卖出，从而保住收益。

3.3.3 下跌过程中的量增价平离场

在下跌过程中出现的量增价平，意味着买盘正在发力消化卖单，但反弹力度还未达到推涨股价的程度，最终导致了量增价平的出现。

这样的走势说明盘中抛压还是比较重的，多方势力不足，短时间内很难实现积极的上涨，投资者应以卖出为佳。

下面来看一个具体的案例。

实例分析

王府井（600859）下跌过程中的量增价平及时卖出

图 3-13 所示是王府井 2020 年 9 月到 12 月的 K 线图。

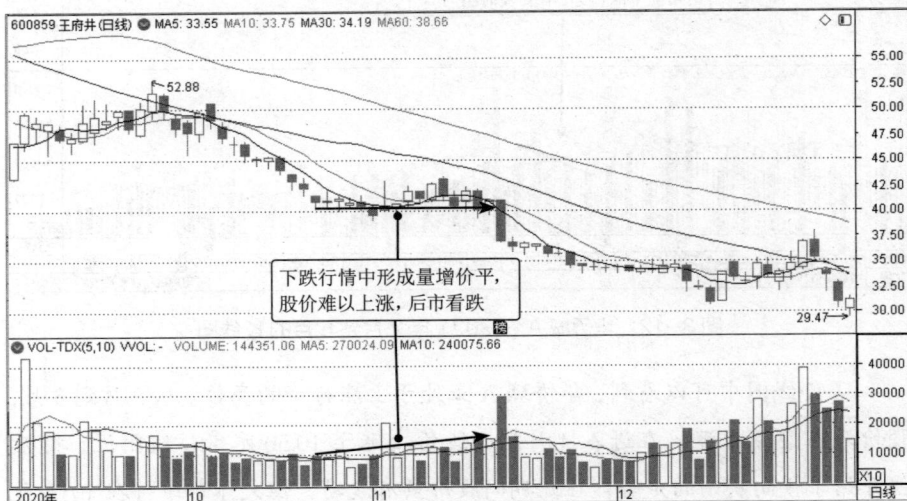

图 3-13 王府井 2020 年 9 月到 12 月的 K 线图

从 K 线图中可以看到，王府井正处于下跌行情中。在 9 月期间，股价还在进行小幅的反弹，从 44.00 元价位线附近上涨至最高的 52.88 元价位线，随后阶段见顶，拐头进入下跌。

10 月中下旬，股价跌至 40.00 元价位线附近，随后受到支撑止跌，进入横盘之中。在近一个月的时间内，股价长期被限制在 40.00 元到 42.50 元窄幅波动，呈现横向震荡的走势。与此同时，成交量却在缓慢上扬，与股价形成了量增价平的背离。

在下跌行情中形成的量增价平，反映出多方反弹无力，属于后市看空的先兆。从后续的走势也可以看到，在 11 月中旬，成交量突然大幅放量，拉动股价大幅收阴下跌，卖盘开始杀跌，股价回到了下跌轨道。

因此，投资者在量增价平出现时就要意识到短时间内股价难以回升，应在股价再次下跌之前尽早出局。

3.3.4　股价高位量缩价涨危险

股价高位量缩价涨指的是股价在上涨至高位后，成交量先于价格形成了量峰，随后在股价上涨的同时，量能不断回缩，二者构成量缩价涨的背离形态。

这样的背离在行情高位是非常常见的，也是明显的见顶预警信号。并且在有些时候，成交量的量能可能会在股价见顶的数月之前，就表现出了缩减走势。因此，投资者在发现量缩价涨出现时，可以先持股观望，待到股价产生下跌迹象时果断卖出。

下面来看一个具体的案例。

实例分析

恒林股份（603661）股价高位量缩价涨先行观望

图 3-14 所示是恒林股份 2020 年 4 月到 10 月的 K 线图。

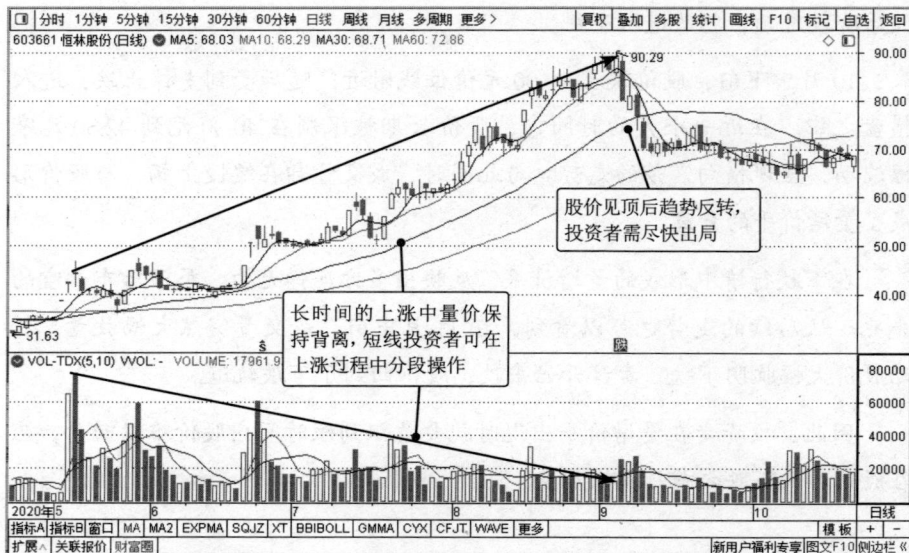

图 3-14　恒林股份 2020 年 4 月到 10 月的 K 线图

从 K 线图中可以看到，恒林股份正处于上涨行情的高位。从 5 月到 8 月，股价都维持着积极的上涨走势，30 日均线和 60 日均线的运行都非常平稳。

但观察成交量就可以发现，早在 5 月中下旬，股价通过一字涨停上冲到 40.00 元价位线以上并开板交易后，成交量就达到了一个峰值，伴随着后续的回调，量能出现了大幅回缩。

当股价再次上冲时，量能跟随放大，但高点明显低于前期，整体呈现出了量缩价涨的背离。此时股价还远未到达高位，量价就出现了背离，向投资者释放了初步的见顶信号。

虽然量价在整体上形成了背离，但如果分段来看，大部分时间二者还是有量增价涨、量减价跌的配合。因此，短线投资者可以在确保趋势还未产生大变动的情况下分段操作，股价上涨时买进，下跌时卖出，一步一步将这段涨幅收入囊中。

8 月底时，股价已经上涨至 80.00 元价位线以上，并且出现了滞涨。相较于 5 月来说，此时的涨幅已经实现了翻倍，位置比较高了，并且量能的背离始终存在，投资者需要保持高度警惕。

9 月初，股价大幅收阴下跌，成交量出现放量压价的走势。快速下跌的股价带动均线走平并有拐头向下的迹象，行情即将面临变盘。此时，警惕的短线投资者就要果断卖出，以避开后续的大幅下跌。

3.3.5　行情高位量缩价平出局

行情高位量缩价平指的是在行情的顶部，股价受压后滞涨，进入横盘整理之中，而成交量却在此期间形成了缩减，二者构成量缩价平的背离。

行情高位的量缩价平与量缩价涨比较类似，都是股价上涨乏力的预示，只是量缩价平出现的位置更靠近顶部，对短线投资者来说更具参考价值。因此，当行情顶部出现量缩价平时，短线投资者就要快速卖出。

下面来看一个具体的案例。

实例分析
科华数据（002335）行情高位量缩价平及时卖出

图 3-15 所示是科华数据 2021 年 10 月到 2022 年 2 月的 K 线图。

从 K 线图中可以看到，科华数据正处于上涨行情的顶部位置。2021 年 10 月期间，股价还在震荡中上涨，进入 11 月后，股价又继续上涨了数个交易日，期间成交量保持放量。

但在 11 月中上旬时，股价创出 48.30 元的新高后小幅回落，进入了高位的滞涨中，长时间在 42.50 元价位线的支撑下横向震荡。

与此同时，成交量伴随着股价的首次回落而大幅缩减。虽然在后续股价回升震荡时量能有相应的间歇放大，但整体呈现很明显的回缩，二者形成了量缩价平的背离。

在行情顶部的位置出现量缩价平，无疑是股价动能不足，后市即将进入下跌行情的预警。在观察到股价没有继续上涨的迹象后，短线投资者就应立即抛盘出局。

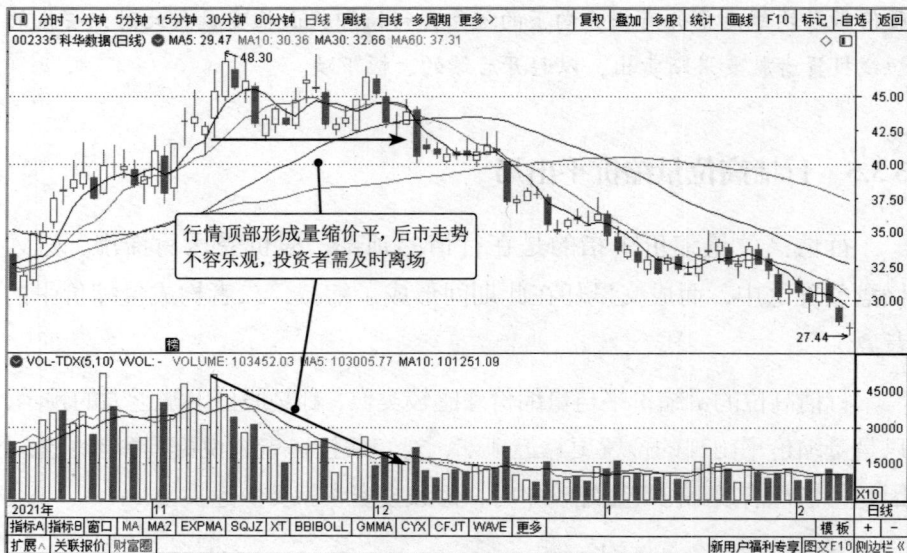

图 3-15　科华数据 2021 年 10 月到 2022 年 2 月的 K 线图

3.3.6　下跌途中量缩价平看空

在下跌途中出现的量缩价平，说明股价有反弹的意愿，但成交量并未给予足够的支撑，导致股价在成交量缩减的同时，进入了走平状态，形成量缩价平的背离。

这样的背离形态发出的卖出信号比量增价平更强烈，股价随时可能回到下跌之中。误入场内或是高位被套的投资者在发现量缩价平后，最好提前卖出，不要等到股价继续下跌后再补救。

下面来看一个具体的案例。

实例分析
凤凰光学（600071）下跌途中量缩价平及时卖出

图 3-16 所示是凤凰光学 2021 年 12 月到 2022 年 4 月的 K 线图。

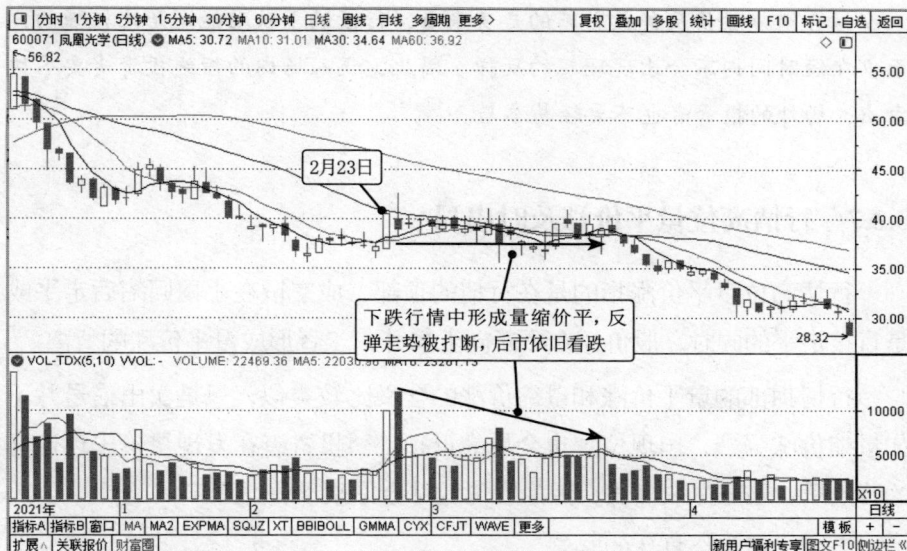

图 3-16　凤凰光学 2021 年 12 月到 2022 年 4 月的 K 线图

从 K 线图中可以看到，凤凰光学正处于下跌行情中。在 2022 年 1 月初时，股价还在快速下跌，跌至 40.00 元价位线上方受到支撑横盘了一段时间后，于 1 月底继续下跌。

2 月中上旬，股价下滑至 35.00 元价位线附近，随后止跌横盘，并有小幅反弹的迹象。

2 月 23 日，成交量突然大幅放量，推动股价低开后震荡高走，盘中直逼涨停。但在尾盘时涨停板打开，股价小幅回落到 8.92% 的位置后收盘，当日形成一根大阳线。

在次日，成交量释放出更大的量能，推动股价急速冲高后回落，最终以 4.22% 的跌幅收出一根中阴线。经过这一次放量下跌后，股价反弹的走势被遏止，后续又回到了 40.00 元以下，开始了横向运行。

股价回到横盘后，成交量出现了大幅的缩减。后续伴随着股价的震荡，成交量间歇性放量，但量能峰值不断下降，呈现回缩状态，与走平的股价形成量缩价平的背离。

结合前期股价反弹被打断的走势来看，行情的下跌动能还是比较强的，至少在短时间内不会出现理想的反弹。因此，误入场内的短线投资者要尽快卖出，场外的投资者也不要轻易参与。

3.3.7　行情高位量平价涨及时出局

行情高位量平价涨指的是在行情的顶部，成交量在小幅回缩后走平或是直接走平的同时，股价还在不断向上攀升，二者形成量平价涨的背离。

行情顶部的量平价涨和量缩价涨的含义比较类似，只是卖出信号并不如量缩价涨强烈，出现位置也会更靠近顶部。投资者在发现量价出现这样的背离后，最好尽快卖出，因为股价随时会见顶下跌。

下面来看一个具体的案例。

实例分析

百川股份（002455）行情高位量平价涨及时卖出

图 3-17 所示是百川股份 2021 年 6 月到 10 月的 K 线图。

从 K 线图中可以看到，百川股份正处于上涨行情的顶部。在 7 月期间，股价还在快速上涨，成交量也呈现配合的放量。

8 月初时，成交量突然放出大量，将股价拉出一根阴线，初步判断可能是主力的出货行为。在后续的走势中，股价依旧在向上攀升，但成交量在小幅缩减后开始走平，二者形成了量平价涨的背离。

疑似主力的出货行为，再加上量平价涨的背离，投资者基本上可以判断股价即将见顶，此时就要及时出局。

从后续的走势也可以看到，在 8 月中旬，股价到达最高的 27.17 元后开始下滑，成交量也逐步形成缩量配合，行情进入了下跌。

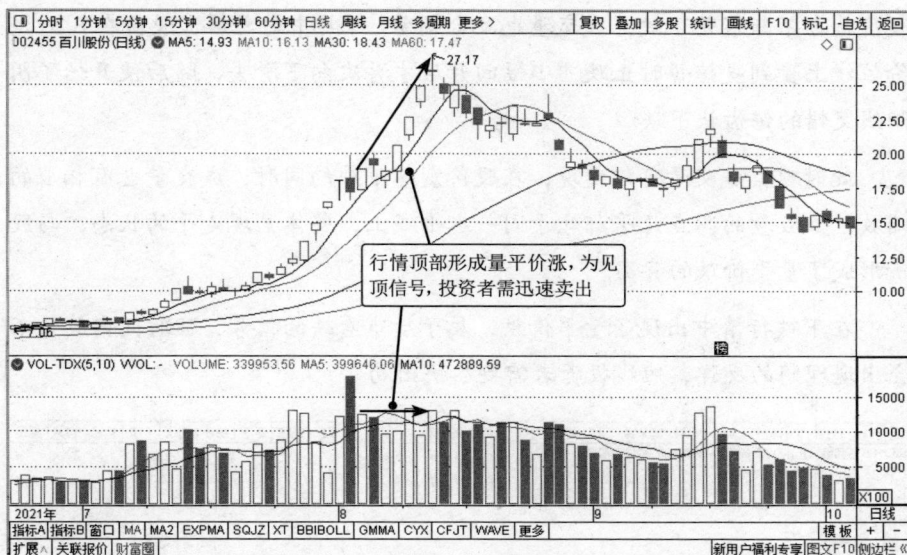

图 3-17　百川股份 2021 年 6 月到 10 月的 K 线图

3.3.8　下跌过程中量平价跌要卖出

下跌过程中量平价跌指的是在下跌行情中，成交量在走平的同时，股价还在不断下滑，二者呈现量平价跌的背离。

之所以形成这样的走势，通常是因为卖盘压价太多，承接的买盘又不足以将其完全消化，导致成交量保持在一定水平，但价格还在下滑。这是后市看跌的信号，短线投资者越早卖出越好。

下面来看一个具体的案例。

实例分析

亚邦股份（603188）下跌过程中量平价跌及时卖出

图 3-18 所示是亚邦股份 2020 年 3 月到 6 月的 K 线图。

从图 3-18 可以看到，亚邦股份正处于下跌行情中。从 3 月中下旬开始，股价就在不断震荡下跌，成交量也配合缩量。4 月中旬之后，股价在 6.20 元价位线上受到支撑暂时止跌，小幅回升后才再次向下滑去，随后便开始了阴阳线交错的锯齿状下跌。

此时观察成交量可以发现，在股价震荡下跌的同时，成交量也有相应的缩放，但放量的高点几乎都处于同一水平线上，整体呈现走平的状态，与股价形成了量平价跌的背离。

在下跌行情中出现了量平价跌，属于后市看跌的信号，短时间内股价不会出现理想的反弹，短线投资者需要尽快出局。

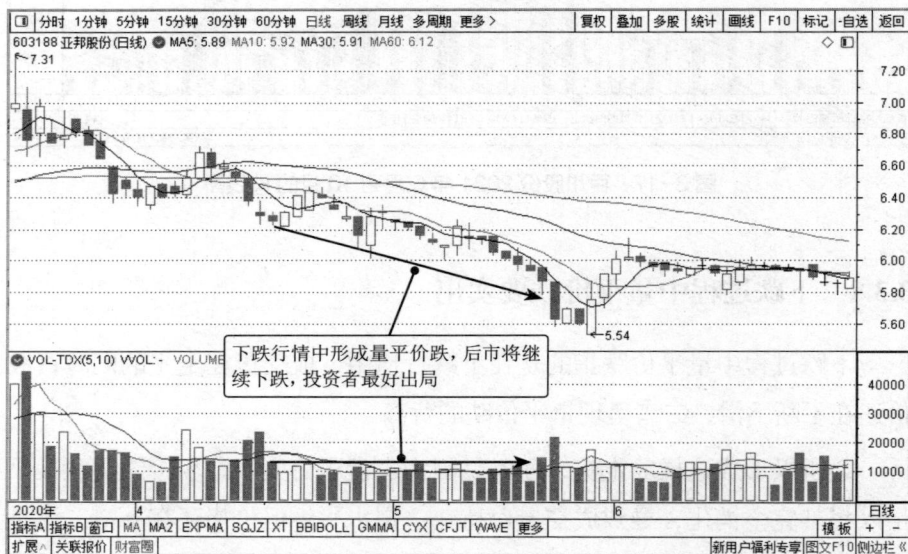

图 3-18　亚邦股份 2020 年 3 月到 6 月的 K 线图

第4章 ⬤

▍借助经典理论短线做空 ▍

　　股市在历经百年发展后，涌现出了大量的技术分析理论。其中一些理论经过了大量实战的论证和考验，得到了广泛的认可，成为股市中具有重要地位的关键理论，如波浪理论、江恩理论等。通过对经典理论的分析和应用，短线投资者有机会将收益进行扩大化。

4.1 波浪理论的卖出时机

波浪理论是由艾略特创建的一种趋势性理论。理论认为，股市的每个完整循环都会分为几个波段，并且时间的长短不会改变波浪的形态，波浪可以拉长，也可以缩短，但其基本形态永恒不变。

波浪理论将一段完整的涨跌周期分为 8 段，在上涨周期中有 5 个波段，第 1、3、5 浪是上升的，第 2、4 浪是下跌的，第 3 浪不可以是最短的一个波。下跌周期则有 3 个波段，用 A、B、C 表示，其中 A 浪、C 浪属于下跌浪，B 浪属于上升浪，如图 4-1 所示。

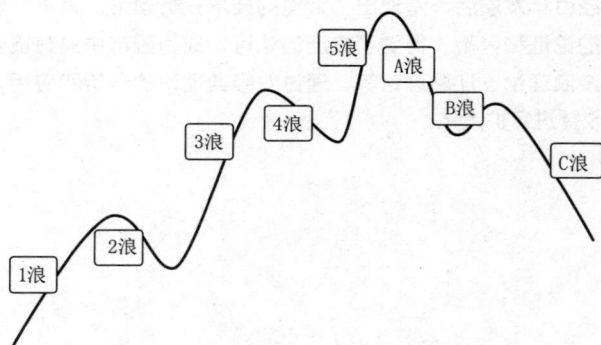

图 4-1　波浪理论的形态

波浪理论中允许大小浪的嵌套，即大浪有中浪，中浪有小浪，小浪还有超小浪，许多小浪共同组成几个波段大浪。这样一来，波浪理论的适用人群就覆盖了大部分的投资者，中长期投资者关注大循环，短线投资者则聚集于小循环。

4.1.1　1 浪顶部择机卖出

1 浪是上涨行情开始时的第一波拉升，但由于嵌套浪的存在，1 浪也可以视作小循环中的第一波上涨，投资者可以在 1 浪初始时建仓。

在这一波上涨后，股价将会进入回调整理，那么其顶部就成了短线投资者理想的清仓位置。出局后投资者可继续观望，待到 2 浪到达底部后，再伺机买进，等待浪 3 的顶部。

下面来看一个具体的案例。

实例分析

健民集团（600976）1 浪顶部择机卖出

图 4-2 所示是健民集团 2021 年 4 月到 9 月的 K 线图。

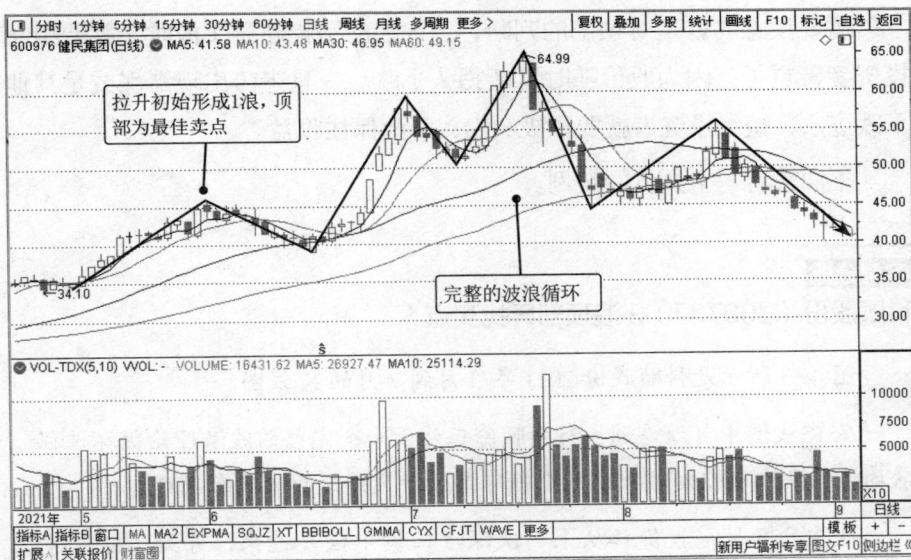

图 4-2　健民集团 2021 年 4 月到 9 月的 K 线图

从 K 线图中可以看到，健民集团正处于一个完整的波浪理论循环过程。从均线的状态可以发现，这是一个嵌套在上涨行情中的小循环，非常适合短线投资者操作。

5 月初，股价正在进行横盘整理，不过很快便在中长期均线的带动下回到上涨轨道，开始小循环的第一波拉升。

6 月初，股价到达了 45.00 元价位线附近后受到压制进入横盘。此时，相较于拉升初始的 35.00 元左右，股价的涨幅已有近 29%，对于短线投资者来说已经非常不错了，再加上股价有了下跌的趋势，在拉升顶部卖出是最好的选择。

4.1.2　3 浪顶部寻找买点

3 浪是波浪循环中拉升的第二浪，这一浪往往是上升浪中涨势最猛，涨幅最大的一浪。并且 3 浪是在 1 浪的基础上继续拉升，涨势更为确定，投资者在其中买卖的危险性也相应降低。

需要注意的就是对顶部的判断，当 3 浪的涨幅超过 1 浪时，就要引起投资者警觉了，因为股价随时可能拐头下跌。一旦走势出现滞涨或是其他下跌迹象，短线投资者就要积极卖出，从而保住收益。

下面来看一个具体的案例。

实例分析

科顺股份（300737）3 浪顶部寻找买点

图 4-3 所示是科顺股份 2021 年 3 月到 7 月的 K 线图。

从 K 线图中可以看到，科顺股份正处于一个完整的波浪理论循环过程。从均线的状态可以发现，这一个循环是位于行情顶端的嵌套循环。

从 3 月开始，股价就从上一次深度回调中恢复过来，开始了新一波上涨，一路攀升至 15.00 元价位线附近滞涨回落。但股价的调整并未持续太久，4 月中上旬，股价再次形成了快速的上冲，迅速从 14.50 元价位线附近上涨至 19.50 元左右，涨幅达到了可观的 34%，随后冲高回落，开始下跌。

从整体走势可以看到，股价的这一波上涨是建立在上一波拉升的基础之上的，涨势已经比较确定，并且涨幅也更高。对于短线投资者来说，短期能够获得的收益已经相当不错。

因此，股价在第二波拉升出现见顶迹象后，投资者就可以择机出局了。

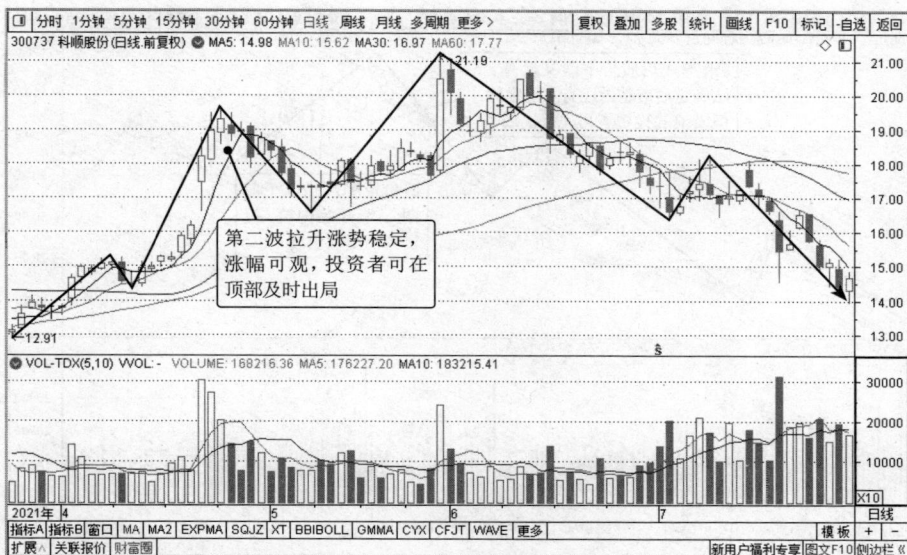

图 4-3 科顺股份 2021 年 3 月到 7 月的 K 线图

4.1.3 5 浪顶部迅速逃离

5 浪是波浪循环中拉升的第三浪，也是最接近顶部的上升浪。根据波浪理论的知识来看，5 浪可以比 3 浪长，也可以比 3 浪短，但在 5 浪拉升结束后，股价就会进入下跌之中。

当股价拉出 5 浪后，投资者已经可以观察到波浪循环的雏形了，那么在其中操作时就会更加得心应手。因此，在 5 浪涨幅接近 3 浪，或是小幅超越 3 浪时，投资者就要对其高度关注，一旦股价有见顶迹象，就应立即抛盘出局。

下面来看一个具体的案例。

实例分析

大博医疗（002901）5 浪顶部迅速逃离

图 4-4 所示是大博医疗 2020 年 2 月到 9 月的 K 线图。

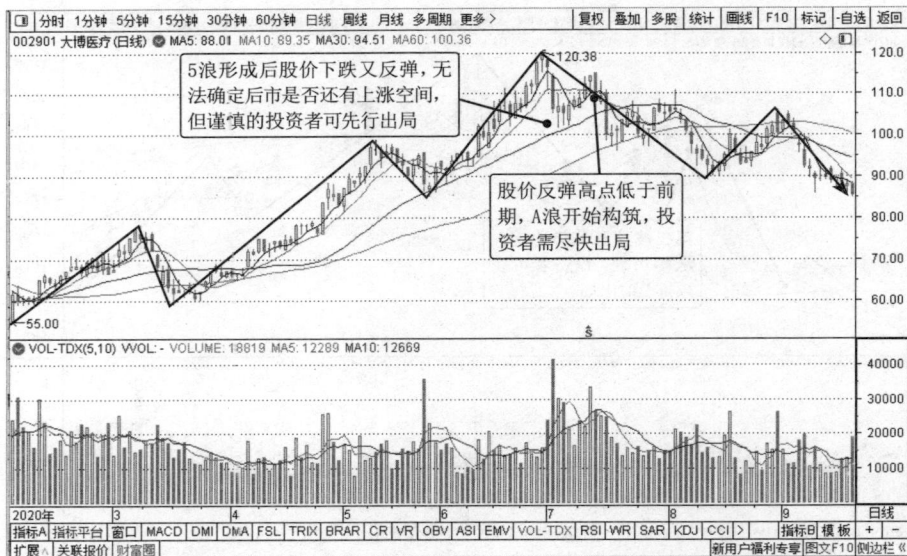

图 4-4　大博医疗 2020 年 2 月到 9 月的 K 线图

从 K 线图中可以看到，大博医疗正处于一个完整的波浪理论循环过程。从 2 月到 3 月初，该股大部分时间都在收阳上涨，很快便从回调低点 55.00 元来到了阶段最高的 78.30 元，涨幅超过 42%，随后收阴回调。

3 月中旬，股价在下跌至 60.00 元价位线附近后止跌回升，在均线组合的支撑下很快开始了第二波拉升。这一波拉升涨势更为迅猛，股价在接近两个月的时间内就从 59.00 元的阶段最低点上涨至 98.88 元的新高位置，涨幅近 68%，远远超过了第一波的涨幅。

股价在上涨靠近 100.00 元价位线后就出现了回调，形成缓慢下跌，最终于 5 月底创出 85.00 元的新低，随后止跌回升，开启了第三波上涨。

第三波拉升开始时涨势不太稳定，但数个交易日后股价还是踩在 5 日均线和 10 日均线上积极上涨，快速拉升至最高的 120.38 元。从这一波拉升的整体来看，股价从 5 月底到 6 月底，涨幅接近 42%，这波拉升还不及上一波涨幅。

此时，波浪循环的前 5 浪已经比较清晰了，有观察意识的投资者发现了循环的出现。那么在 5 浪涨幅不及 3 浪，出现回落时，就要引起短线投资者高度警惕。

从后续的走势可以看到，股价在创新高后确实出现了下跌，但数日后就在 30 日均线上得到支撑再次上涨。这时投资者还无法判断这一波下跌是新行情的开始，还是仅仅只是一次回调，这需要根据股价下一波的上涨幅度来确定，不过谨慎的投资者还是可以先行出局。

7 月初，股价形成的上涨很快便见顶了，并且其顶部明显低于前期，后续有继续下跌的趋势。这就意味着股价大概率已经开始构筑 A 浪了，还滞留在场内的投资者要抓紧出局。

4.1.4　B 浪顶部果断清仓

B 浪是波浪循环中进入下跌后反弹的一浪，在此之前，1 浪、2 浪、3 浪、4 浪、5 浪及 A 浪都已形成，波浪循环形态非常明朗。那么 B 浪的出现就在提醒短线投资者，一波反弹即将到来。

B 浪的反弹高位一般是比较接近顶部的，并且上涨趋势很明显。场内被套的投资者可将其顶部当作卖出点，场外激进的短线投资者也可以适当参与，在顶部及时出局即可。

下面来看一个具体的案例。

实例分析

华润双鹤（600062）B 浪顶部果断清仓

图 4-5 所示是华润双鹤 2022 年 3 月到 6 月的 K 线图。

从 K 线图中可以看到，华润双鹤正处于一个完整的波浪理论循环过程中。从 3 月开始，股价形成一波又一波的拉升。

第一波上涨到达 17.50 元价位线附近，阶段见顶下跌后在 15.00 元价位线附近受到支撑，止跌后再次上涨。第二波拉升非常迅猛，股价迅速冲过了

25.00 元价位线，随后冲高回落，进入回调。

4 月中下旬，股价在 10 日均线附近受到支撑后又一次进入上涨，于 5 月初创出 37.44 元的新高后开始下跌。从整体来看，前面的数次上涨与回调构成了波浪循环的前 5 浪，股价创出新高后的下跌就是在构筑 A 浪。

因此，在发现浪 A 已经形成后，被套的投资者可以等待 B 浪的到来，在其顶部进行解套。5 月中下旬，股价在 24.00 元价位线上方受到支撑反弹，数日后，股价反弹靠近 35.00 元价位线后形成冲高回落走势，次日就出现了下跌，传递出明显的下跌信号。此时，准备解套的投资者就要及时卖出了。

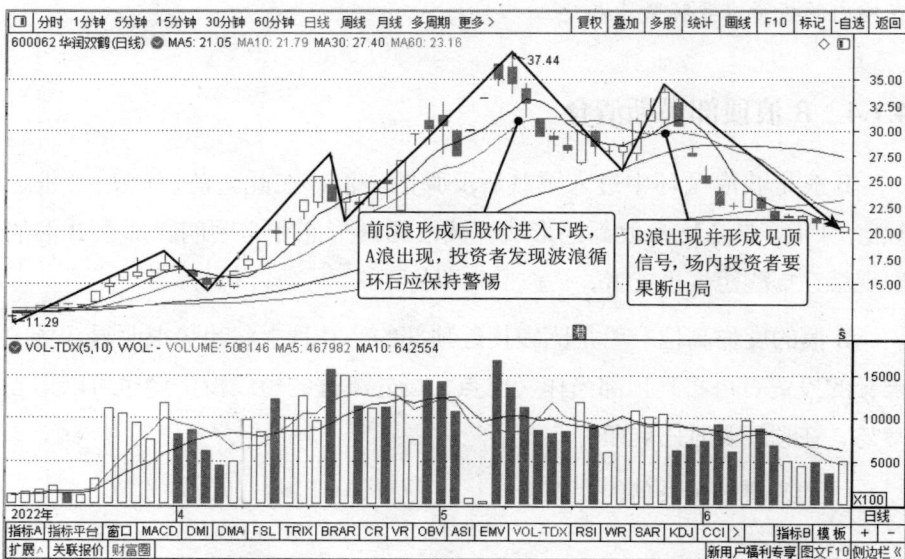

图 4-5　华润双鹤 2022 年 3 月到 6 月的 K 线图

4.2　箱体理论的出货位置

箱体理论由尼古拉斯·达瓦斯提出，具体指的是当股价滑落到箱体的底部时会受到买盘的支撑，当股价上升到箱体的顶部时会受到卖盘的压力。

一旦股价有效突破原箱体的顶部或底部，股价就会进入一个新的箱体里运行，原箱体的顶部或底部将成为重要的支撑位和压力位。

也就是说，箱体理论将一段完整的行情分为数段，每一段走势都有支撑位和压力位的存在。这就意味着箱体中的买卖信号是比较明显的，对短线投资者来说非常适用。

4.2.1　股价上涨至箱体顶部时出货

当行情处于上涨阶段，股价进入一个箱体后逐渐上涨，到达阶段顶部后受到压制下跌，或是多次上冲在同一价位线附近受挫回落时，就意味着箱体顶部形成了。

在上涨行情中，箱体顶部的形成意味着股价可能即将进入回调，也可能在横盘后直接上冲突破顶部，进入下一个箱体，后市依旧是看涨的。

不过对于短线操盘的投资者来说，遵循分段操作能够有效降低风险，实现资金灵活运转。那么在一个箱体到顶时，短线投资者就可以积极卖出，待到下一个箱体形成时再买进也不迟。

下面来看一个具体的案例。

实例分析

宁德时代（300750）股价上涨至箱体顶部时出货

图 4-6 所示是宁德时代 2021 年 5 月到 11 月的 K 线图。

从 K 线图中可以看到，宁德时代正处于上涨行情之中。从 5 月到 6 月，股价还在积极上涨，中长期均线上扬角度非常稳定，涨势明朗，是短线投资者操盘的大好时机。

7 月中上旬，股价来到了 580.00 元价位线附近，在此价位线下方受到压制后横盘数日，随后小幅回落。7 月中下旬，股价下跌到 30 日均线附近得到支撑再次上涨，但在小幅越过 550.00 元价位线后就拐头下跌。

7月底，股价在跌破30日均线后很快转向上方，开始第三次上攻。此次上冲突破了前期高点，并且最高达到了582.20元，但在后续就再也没能继续上涨，而是回落到550.00元附近横盘一段时间后再次下行，压力位突破失败，箱体的顶部出现了。

短线投资者在上涨行情中发现箱体的顶部时，建议及时择高出局，这样能避开潜在的回调和下跌。

从后续的走势也可以看到，股价在第三次上攻失败后，下跌幅度加大，进入了回调整理。在震荡近两个月后，股价才再次开始上涨，正式突破了箱体顶部，进入下一个箱体，突破位就是再次的入场点。

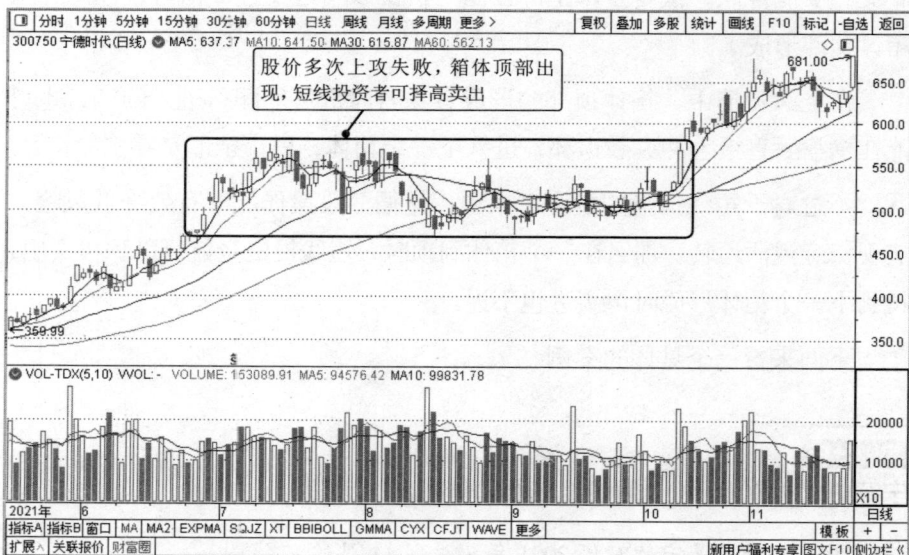

图 4-6　宁德时代 2021 年 5 月到 11 月的 K 线图

4.2.2　股价反弹到箱体顶部时出货

在下跌行情中同样存在着箱体，每当股价反弹到某一价位线停滞不前，或是多次上涨难以突破，该价位线就会成为箱体的顶部。股价在多次突破失败后，很快就会转为下跌，并且可能会直接跌破箱体底部，进入下一段走势。

因此，短线投资者在下跌行情中操作时，最好在股价反弹到达箱体顶部时卖出，而不是跌破箱体底部确认跌势后再离场。前者有机会为投资者带来收益，后者就大概率是止损了。

下面来看一个具体的案例。

实例分析

拉卡拉（300773）股价反弹到箱体顶部时出货

图 4-7 所示是拉卡拉 2020 年 9 月到 2021 年 2 月的 K 线图。

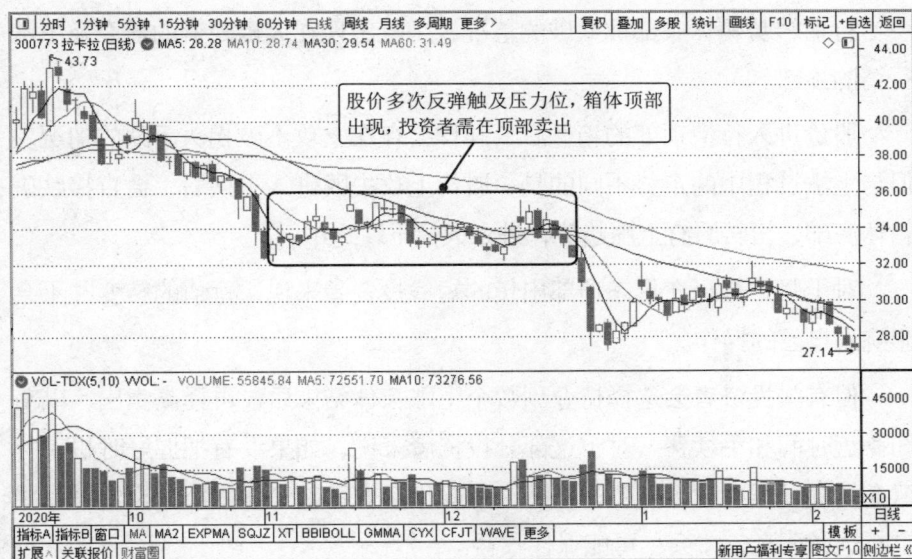

图 4-7 拉卡拉 2020 年 9 月到 2021 年 2 月的 K 线图

从 K 线图中可以看到，拉卡拉正处于下跌行情中。2020 年 9 月中上旬期间，股价还在收阳反弹，直到 9 月中下旬创出 43.73 元的阶段新高后，股价才再次进入下跌轨道中。

11 月初，股价跌至 32.00 元价位线附近后止跌回升，开始了反弹走势。

11 月中旬，股价来到了 36.00 元价位线附近，在此价位线附近受阻后震荡了一段时间，最终还是下滑到了 34.00 元以下。

在后续的交易日中，股价在 34.00 元价位线附近横向震荡。12 月中上旬，股价再次收阳上冲，很快来到了接近 36.00 元价位线的位置，但还未接触到该价位线就进入了滞涨横盘，后续更是有拐头下跌的迹象。

多次上攻不破，箱体的顶部已经明确，还在观望的投资者最好在股价下跌之前就卖出，保住已有收益。如果在股价跌破箱体后再卖出，投资者会遭受更多的损失，这一点从后续股价的快速下跌中也可以看出。

4.2.3　行情转势箱体底部被跌破

行情转势箱体底部被跌破的情况，一般出现在大幅回调的前夕及上涨行情的顶部。

股价进入行情顶部的箱体后，同样会存在上攻不破拐头下跌的情况。但与上涨过程中的走势不同的是，股价上攻失败进入下跌后，会直接跌破箱体底部，扭转原有上涨趋势，进入大幅下跌之中。

对于坚定选择在形态顶部出货的短线投资者来说，行情的转变并不会影响到自己的操作。

但有些投资者会选择持仓到数个上涨箱体结束后，再择高卖出，以节约操盘时间和手续费。对于这部分投资者来说，如果没有把握好时机，行情在持仓过程中发生转变，那么一旦股价有效跌破箱体底部，投资者就要果断选择清仓，才会尽可能保住收益。

下面来看一个具体的案例。

实例分析

昌红科技（300151）行情转势箱体底部被跌破

图 4-8 所示是昌红科技 2021 年 9 月到 2022 年 1 月的 K 线图。

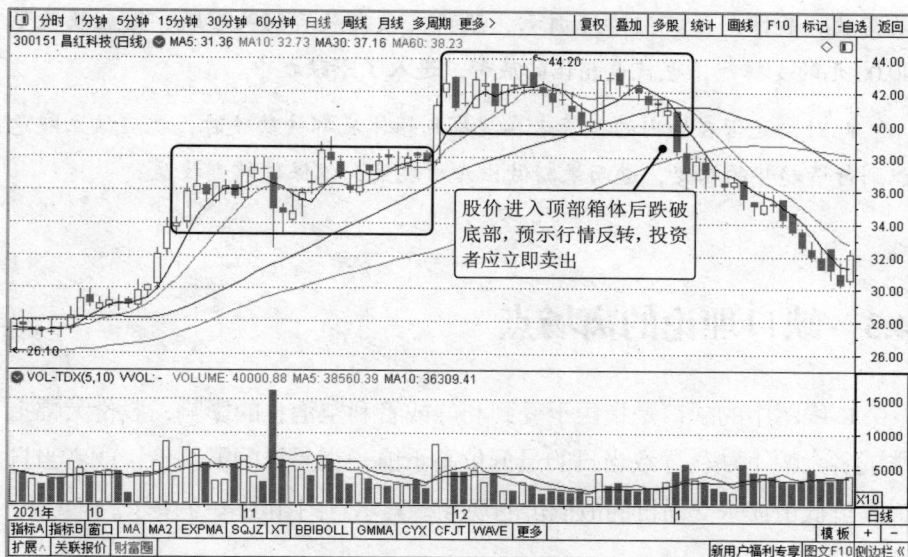

图 4-8　昌红科技 2021 年 9 月到 2022 年 1 月的 K 线图

从 K 线图中可以看到，昌红科技正处于上涨行情的顶部。2021 年 10 月期间，股价还在积极收阳上涨，涨速非常快，很快便来到了 36.00 元价位线附近，进入横盘滞涨。

在 36.00 元价位线附近横向震荡一段时间后，股价再次小幅上冲，接触到了 38.00 元，但未能突破该价位线便拐头下跌。

11 月初时，股价在 30 日均线附近受到支撑止跌回升，很快便上涨到了超过 38.00 元的位置，不过后续并没有有效突破，而是小幅越过后就很快回落，该价位线就是箱体的顶部。

在后续的交易日内，股价又一次上冲，沿着箱体顶部横向震荡一段时间后大幅收阳，以单日 9.20% 的涨幅冲破了压力线，进入了下一个箱体。此时，持仓时间相对较长的投资者还未出货，在场内保持着观望。

11 月底，股价上涨至 44.00 元价位线附近，随后受阻进入横盘震荡，40.00 元价位线是横盘的重要支撑位。

在震荡过程中，股价反复向上冲击 44.00 元价位线，但都没有实现有效突破。最终，在2022年1月初，股价突破失败后拐头下跌，彻底跌破了40.00元的支撑线，也就是箱体的底部，进入了下跌之中。

此时，还留在场内的投资者在观察到箱体底部被跌破时，就应该立即意识到行情趋势的转变，进而果断做出卖出决策，以保住前期收益。

4.3　缺口理论的离场点

K线图中的缺口是指由于受到利好或者利空消息的影响，股价大幅上涨或者大幅下跌，导致当日的最低价高于前一交易日的最高价，或者当日最高价低于前一交易日的最低价的现象，其示意图如图4-9所示。

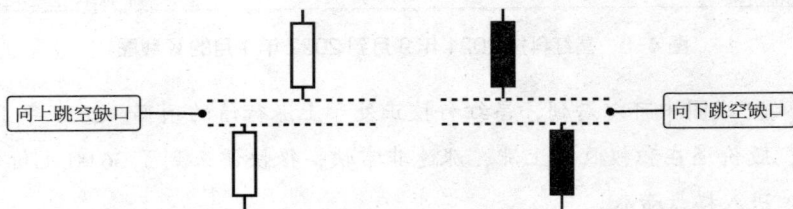

图 4-9　两种方向的缺口

当缺口形成后，就会出现回补，也就是股价会很快反过来填补这一段交易的真空区域。对于短线投资者来说，一旦股价产生向下跳空的缺口，那么后续的回补位置就是很好的卖出点。

缺口分为普通缺口、向下突破缺口、持续性缺口与消耗性缺口，下面就来逐一分析其中的具体卖点。

4.3.1　普通缺口何时离场

普通缺口通常出现在市场交易量较小，股价波动幅度不大的过程中，如行情运行过程中的横盘震荡，或是筑顶、筑底形态。

　　一般来说，普通缺口只是在市场交易相对清淡的情况下，相对较小的成交量波动导致价格跳空而形成的，在后续很快就会被填补上，不具有很强的预示意义，但可供投资者进行短线低吸高抛操作。

　　短线投资者可以利用股价向下跳空的低点建仓，在股价回补缺口时再卖出，就能快速赚取一个缺口的涨幅。

　　下面来看一个具体的案例。

实例分析
朗姿股份（002612）普通缺口低吸高抛

　　图 4-10 所示是朗姿股份 2021 年 9 月到 2022 年 1 月的 K 线图。

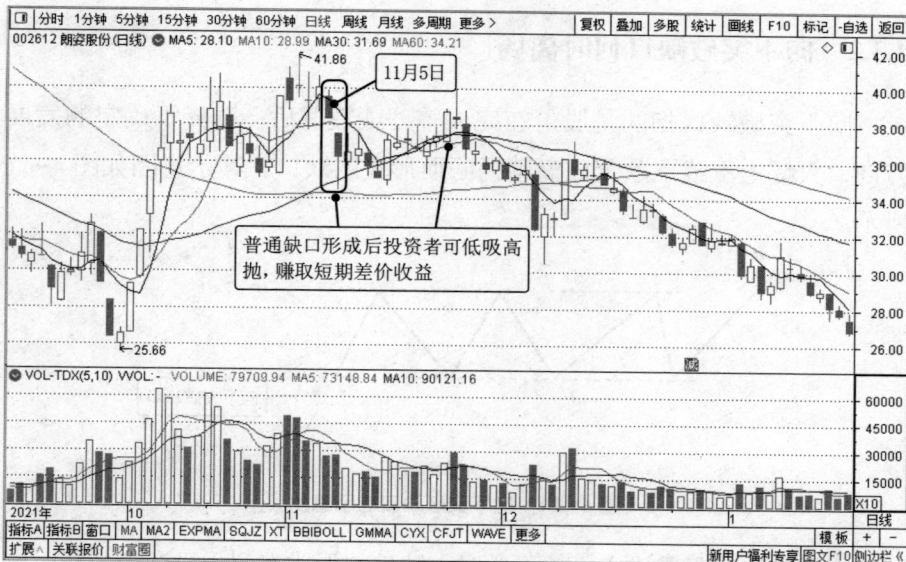

图 4-10　朗姿股份 2021 年 9 月到 2022 年 1 月的 K 线图

　　从 K 线图中可以看到，朗姿股份正处于下跌行情中。在 2021 年 9 月期间，股价还在震荡下跌，直到跌至最低的 25.66 元后受到支撑，开始大幅收阳上涨，涨速极快，短短数个交易日后就来到了 38.00 元价位线附近。

　　10 月初，股价滞涨之后，长时间在 36.00 元到 40.00 元内横盘震荡。11 月初，股价在小幅上冲后下跌，于11月5日形成了低开后震荡低走的状态，当日以4.44%的跌幅收出一根阴线。

次日，股价向下跳空低开，盘中下跌触底后形成回升走势，最终以5.46%的跌幅收出一根阴线，与前一根K线形成了缺口。这一个缺口出现在股价反弹的顶部震荡区域，属于普通缺口，那么投资者就可以趁机在跳空的低位建仓，等待后续的回补。

股价在跳空后横盘了数日，随后便开始了回升。11月中下旬，股价收出一根大阳线向上突破了38.00元价位线，并且最高价高于11月5日的最低价，完成了对缺口的回补，次日股价冲高回落，很快进入下跌，此时投资者就可以积极卖出，赚取这一波缺口差价收益。

4.3.2 向下突破缺口何时离场

向下突破缺口指的是股价在完成整理或震荡后，选择了确定的发展方向，大幅上涨或下跌突破盘整区间而形成的缺口，其示意图如图4-11所示。

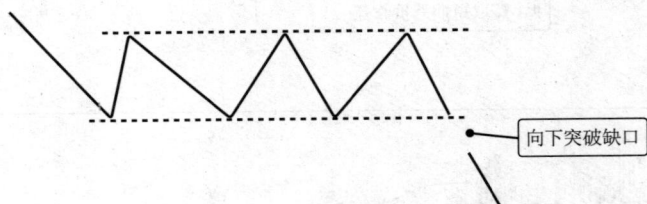

图4-11 向下突破缺口的示意图

当股价脱离盘整进入大幅下跌时，缺口的形成有利于投资者判断后市的跌势如何。一般来说，向下突破的缺口越大，股价的下跌动能越强劲，下跌幅度和速度都会比较快，并且很难在短时间内形成回补。

因此，短线投资者如果在股价形成向下突破缺口时还在场内，就要果断决策，在缺口出现后立即卖出，及时止损。

下面来看一个具体的案例。

实例分析

沈阳化工（000698）向下突破缺口及时卖出

图 4-12 所示是沈阳化工 2022 年 2 月到 4 月的 K 线图。

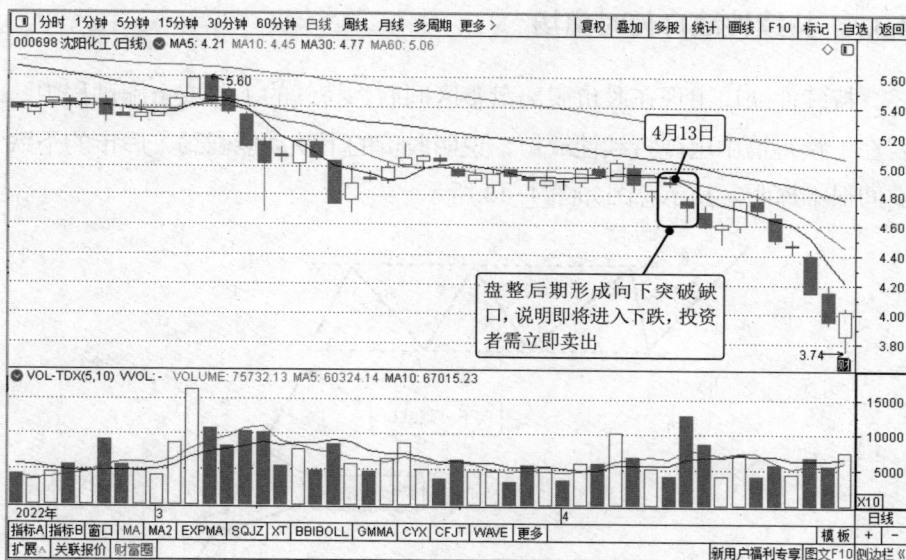

图 4-12　沈阳化工 2022 年 2 月到 4 月的 K 线图

从 K 线图中可以看到，沈阳化工正处于下跌行情中。在 2 月期间，股价还在围绕 5.40 元价位线进行窄幅震荡，直到进入 3 月后股价上冲，到达最高的 5.60 元后快速拐头下跌，进入又一段下跌之中。

3 月中上旬，股价在 4.80 元价位线附近受到支撑止跌，在震荡一段时间后进入了横盘整理。股价长时间被限制在 4.80 元到 5.00 元内窄幅波动，中长期均线的下降走势稳定，后市大概率看跌。

4 月 13 日，股价依旧在盘中期间内运行，当日以平价开盘后反复震荡，最终以 0.41% 的跌幅收出一根小阴线。次日，股价跳空低开后快速下坠，触底后小幅回升，最终以 3.28% 的跌幅收出一根阴线，与前一根阴线形成了缺口，并且借此缺口脱离了盘整区间，进入下跌之中。

由此可见，这是一个向下突破缺口。股价在盘整后期出现向下突破缺口，意味着后市即将进入快速或大幅的下跌之中，投资者在观察到向下突破的缺口后就要立即卖出。

4.3.3 持续性缺口何时离场

持续性缺口出现在股价脱离盘整区间后，持续的下跌或上涨过程中，若在下跌行情中出现持续性缺口，说明股价的下跌动能强劲，后市的下跌空间很难探明。其示意图如图 4-13 所示。

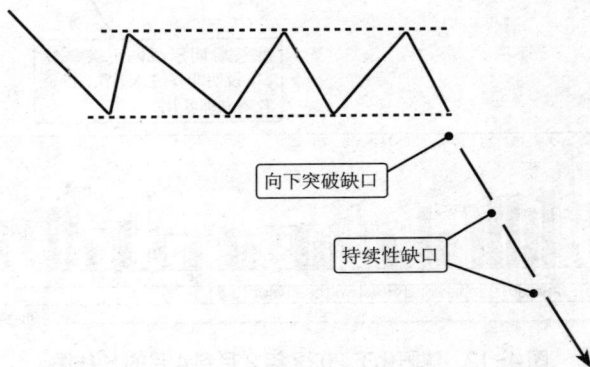

图 4-13　持续性缺口的示意图

对于短线投资者来说，这样的持续性缺口无疑释放出了强烈的卖出信号，被套的投资者和误入场内的投资者在发现持续性缺口后，最好尽早卖出，不要等待回补。

下面来看一个具体的案例。

实例分析

金发科技（600143）持续性缺口及时卖出

图 4-14 所示是金发科技 2021 年 7 月到 10 月的 K 线图。

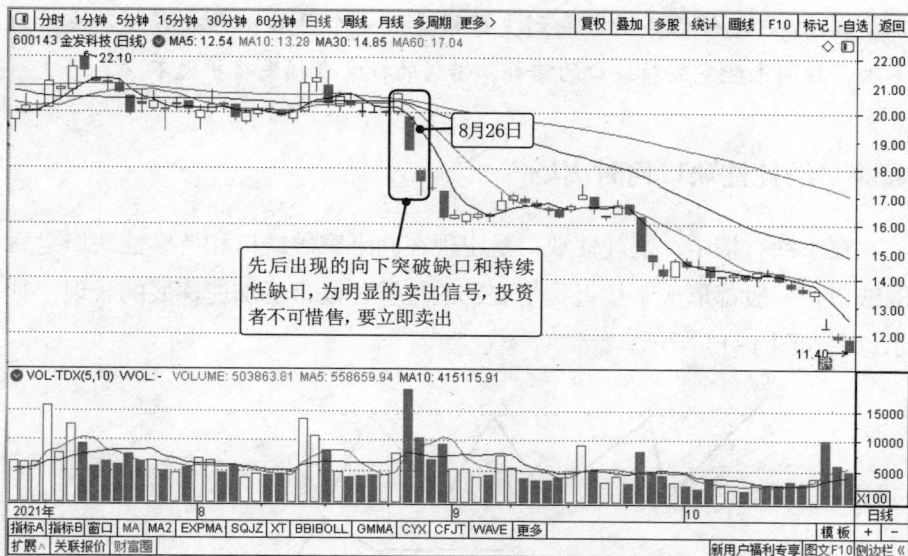

图 4-14 金发科技 2021 年 7 月到 10 月的 K 线图

从 K 线图中可以看到，金发科技正处于下跌行情之中。从 7 月到 8 月中旬，股价还在相对高位横向震荡，波动幅度非常小，20.00 元为其重要支撑位。

8 月 26 日，股价向下跳空低开后逐步低走，最终以跌停收盘，形成一根大阴线。当日的最高价为 19.88 元，而前一根阳线的最低价为 19.89 元，二者之间形成了微小的缺口，股价也借此脱离了盘整区间，由此可以判定这是一个向下突破缺口。

在向下突破缺口形成后的次日，股价再次大幅向下跳空低开，以 6.07% 的跌幅收出一根阴线，与前一根阴线之间产生了较大的缺口。因其出现在向下突破缺口之后的下跌过程中，这一个缺口就属于持续性缺口。

先后出现的向下突破缺口和持续性缺口，向投资者释放了强烈的卖出信号。短线投资者最好不要期待在以后的回补高点卖出，而是立即出局，避免遭受更大的损失。

从后市的走势也可以看到，股价在持续性缺口形成后又下跌了数个交易日，在 16.00 元价位线附近受到支撑横盘近一个月后，再次形成了快速的下跌，期间未能完成对缺口的回补，惜售的投资者损失将扩大不少。

4.3.4 消耗性缺口何时离场

在下跌行情中，消耗性缺口是出现在向下突破缺口和持续性缺口之后的缺口，一般都形成于接近行情底部的位置，是市场加速探底的表现，其示意图如图 4-15 所示。

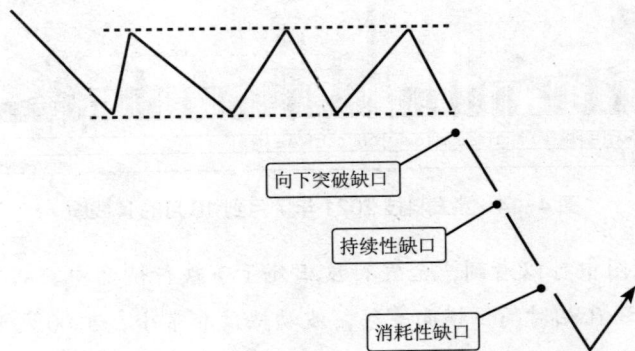

图 4-15 消耗性缺口的示意图

在接近行情底部的位置形成消耗性缺口，其中大概率有主力操作的痕迹，加速探底是为了尽快降低建仓成本，扩大未来的获利空间。

虽然后续股价到达底部后会很快回升，但在探底的过程中跌幅可能会比较大。短线投资者完全可以在股价出现跳空下跌后立即卖出，随后观望，待到股价开始出现回升迹象时再重新买进。

下面来看一个具体的案例。

实例分析
春兴精工（002547）消耗性缺口离场观望

图 4-16 所示是春兴精工 2018 年 8 月到 12 月的 K 线图。

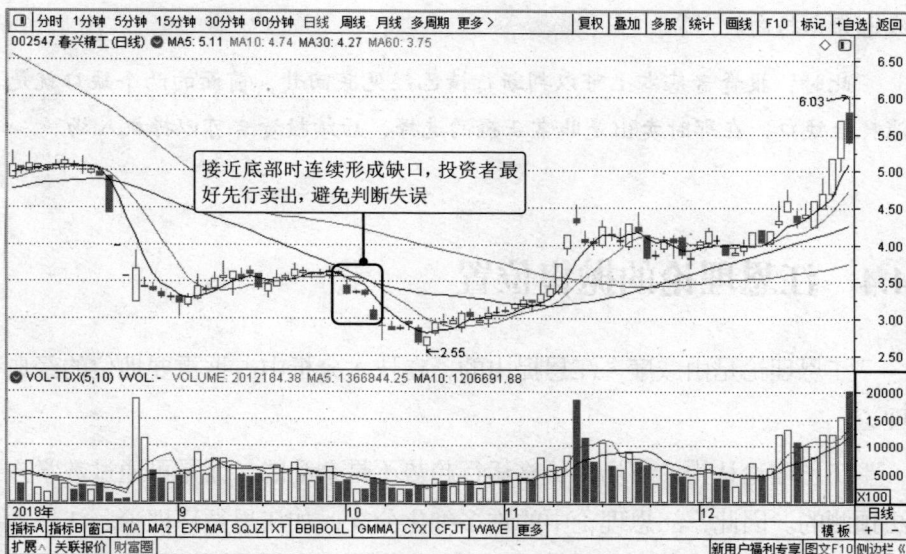

图 4-16　春兴精工 2018 年 8 月到 12 月的 K 线图

从 K 线图中可以看到，春兴精工正处于下跌行情的底部。从 8 月中下旬开始，股价就出现了急速的跌停式下滑，连续的一字跌停形成了多个缺口，股价借此脱离盘整区域，因此可将其视为向下突破缺口和持续性缺口。

股价在跌至 3.00 元价位线附近后止跌并小幅回升，随后进入横盘震荡。9 月底，股价运行至 30 日均线附近后受到阻碍下跌，向下跳空后形成了一根小阴线，K 线之间出现了缺口。

随后股价横盘了几个交易日，再次出现了向下跳空的缺口。此次的缺口空间更大，跌幅更深，说明股价在加速探底，并且成交量也有小幅的放量，可能是主力拉低股价的手段。

由于此时投资者还无法准确判断底部，也无法确定这两个缺口是否为消耗性缺口。为避免分析失误，投资者还是需要在第一时间卖出持股，随后观望。

从后续的走势可以看到，股价在 10 月中旬创出 2.55 元的新低后，迅速拐头向上攀升，并且涨速越来越快，短时间内便突破了前期高点，中长期均线也开始转向。

此时，投资者基本上可以判断行情已经见底回升，前面的两个缺口就是消耗性缺口，在那时卖出是非常正确的选择，后续投资者可以择机入场。

4.4 江恩理论的抛售位置

江恩理论是由威廉·江恩提出的，在技术分析中占据重要地位的经典理论。

江恩理论认为，市场的价格运行趋势不是杂乱的，而是可通过数学方法预测的。因此，江恩理论中的许多细化分支，如江恩循环理论、江恩六边形、江恩轮中轮、江恩线等，基本上都是建立在复杂、深奥的数学模型基础之上，对于初入股市的投资者来说难度是比较高的。

本节选择江恩理论中比较基础、简单的江恩买卖十二法则、江恩七个买卖策略及江恩共振法则来进行分析，帮助短线投资者寻找合适的卖出点。

4.4.1 江恩买卖十二法则中的卖点

江恩买卖十二法则是江恩理论的基础，其中包含了十二条具体的买卖规则，威廉·江恩在这十二条规则之上，建立了整个江恩买卖系统，具体见表4-1。

表4-1 江恩买卖十二法则

法　　则	含　　义
法则一：决定趋势	江恩认为，在所有市场中，决定其趋势是最为重要的一点。对于股票而言，其平均综合指数最为重要，以决定大市的趋势。而分析大市指数时，可以使用三天图及九点图

续表

法　　则	含　　义
法则二：在单底、双底或三底买入	当市场到达底部，出现单底、双底或三底，并向上突破时，市场阻力成为支撑力。当市价回落至该底部形态突破位或稍低于突破位，都是重要的买入时机
法则三：根据百分比买卖	1. 若股价在高位回落 50%，是一个买入点 2. 若股价在低位上升 50%，是一个卖出点
法则四：调整三周后入市	1. 当市场趋势向上时，若股价出现三周的调整，是一个买入的时机 2. 当市场趋势向下时，若股价出现三周的反弹，是一个卖出的时机
法则五：市场分段运行	当上升趋势开始时，通常分为三段甚至四段上升，才可能走完整个趋势；反之，在下跌的趋势中亦如此
法则六：利用五至七点波动买卖	1. 若市场趋势上升，当市场出现五至七点的调整时，可趁低吸纳。通常情况下，市场调整不会超过九至十点 2. 若市场趋势向下，当市场出现五至七点的反弹时，可趁高卖出
法则七：市场成交量	1. 当市场接近顶部的时候，成交量通常会大增，市场可能反转 2. 当市场一直下跌，成交量通常会持续缩减，市场可能见底反弹
法则八：时间因素	1. 当市场在上升的趋势中，其调整的时间较之前的一次调整的时间更长，表示这次市场下跌可能是转势 2. 当市场在下跌的趋势中，若市场反弹的时间第一次超越前一次的反弹时间，表示市势可能已经逆转
法则九：当出现高低或新高时买入	1. 当市价不断开创新高，表示市势向上，可以追市买入 2. 当市价不断下破新低，表示市势向下，可以卖出
法则十：趋势逆转	1. 当市场处于升市时，可参考江恩的九点图及三天图。若九点图或三天图向下跌破上一个低位，表示市势逆转的第一个信号 2. 当市场处于跌市时，若九点图或三天图向上突破上一个高位，表示市势见底回升的机会十分大
法则十一：最安全入货点	1. 在市价见底回升后，市势向上，出现第一个拉升，之后会有调整。当市价无力破底而转头向上，上破第一次拉升的高点时，便是最安全的买入点 2. 在市价见顶回落后，市势向下，出现第一次下跌，之后市价反弹成为第二个较低的顶。当市价再下破第一次下跌的底时，便是最安全的卖出点

续表

法 则	含 义
法则十二：快速市场的价位滚动	若市场趋势快速，则市价平均每天上升或下跌一点；若市场平均每天上升或下跌两点，则市场已超出正常的速度，市势不会维持过久。这类的市场速度通常发生于升市中的短暂调整，或者是跌市中的短暂反弹

下面选择江恩买卖十二法则中的几项有关卖出的法则，解析具体的案例。

实例分析

吉比特（603444）江恩买卖十二法则中的卖点

图 4-17 所示是吉比特 2018 年 5 月到 10 月的 K 线图。

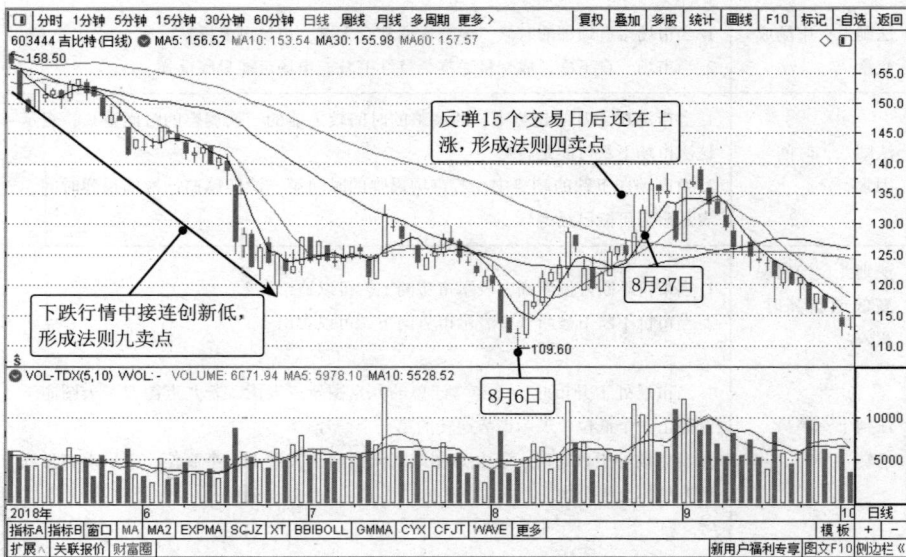

图 4-17　吉比特 2018 年 5 月到 10 月的 K 线图

从 K 线图中可以看到，吉比特正处于下跌行情的末期。在 6 月期间，股价还在震荡下跌，长时间保持低点下移的状态，符合法则九中的"当市价不断下破新低，表示市势向下，可以卖出"的理论。因此，场内的投资者就可以在股价下跌过程中择高卖出。

6 月中下旬，股价在跌至 120.00 元价位线附近后止跌横盘，长时间维持在 120.00 元到 130.00 元震荡。7 月底，股价再次加速下跌，在跌至 110.00 元价位线上方后止跌回升，进入了大幅的反弹之中。

在股价反弹时，有两条卖出法则可供参考，即法则三中的"若股价在低位上升 50%，是一个卖出点"，以及法则四中的"当市场趋势向下时，若股价出现三周的反弹，是一个卖出的时机"，投资者可根据这两条法则判断卖点位置。

此次股价反弹的起点为 8 月 6 日，最低价为 109.60 元。依据法则三判断，股价在反弹至 164.40 元（109.60×1.5）时可以卖出，依据法则四判断，股价若运行到 8 月 27 日（三周为 15 个交易日）时还在上涨，也可以卖出了。

从后续的走势可以看到，股价反弹的走势比较积极，在经历一系列小幅震荡后，时间来到了 8 月 27 日。当日股价高开后震荡高走，当日以 2.88%的涨幅形成一根小阳线，证明股价依旧在上涨，符合法则四的条件，短线投资者可以积极卖出。

后续股价还在上冲，但在接触到 140.00 元后就停滞不前，并出现了下跌迹象，没有达到法则三的要求，那么投资者就不必再等待，在高点卖出即可。

继续来看后面的走势。

图 4-18 所示是吉比特 2018 年 8 月到 2019 年 1 月的 K 线图。

从 K 线图中可以看到，股价在反弹见顶下跌后一路快速下滑，很快来到了 100.00 元价位线以下，直至创出 92.88 元的新低，随后拐头上涨。

股价此次的涨势十分迅猛，在短时间内就上冲到了 140.00 元价位线附近，这时股价的涨幅已经接近 51%，符合法则三的要求，形成了一个短线卖点。

股价后续在横盘一段时间后再次上攻，很快越过了 160.00 元，上涨时间已经超过了前一次反弹，符合法则八中的"当市场在下跌的趋势中，若市场反弹的时间第一次超越前一次的反弹时间，表示市势可能已经逆转"。这意味着行情发生了彻底转变，进入了上涨趋势，那么短线投资者就可以在新行情中继续使用江恩买卖十二法则来判断买卖点。

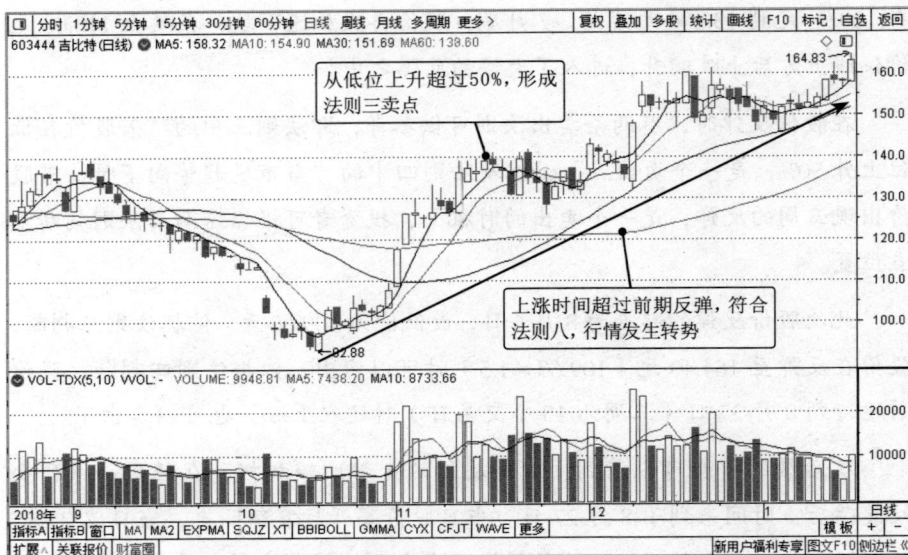

图 4-18　吉比特 2018 年 8 月到 2019 年 1 月的 K 线图

4.4.2　江恩七个买卖策略中的卖点

江恩七个买卖策略与江恩买卖十二法则比较类似，都是从股价的变动规律中总结出来的技巧，具体见表 4-2。

表 4-2　江恩七个买卖策略

策　略	含　　义
策略一	当个段创出新高之后买进，或者当个股突破前期的顶部位置时买进
策略二	当股价自下而上突破前期底部位置的时候，是投资者买进的时机
策略三	当股价自上而下跌破前期顶部位置的时候，是投资者卖出的时机

续表

策　略	含　义
策略四	当股价创出新低的时候，就是卖出的信号
策略五	当市场快速波动时，投资者可以等待收盘价确认创新高或是新低时，再去做买卖
策略六	当投资者买进之后，必须严格按照止损位的提示操作，当跌破止损位的时候要果断卖出，不应有迟疑
策略七	在交易的时候，投资者要知道自己能亏损的底线是多少，尽量不要在一次操作中就亏损完

　　江恩七个买卖策略中包含的买卖技巧要相对简单一些，但其中蕴含的理论是经得起反复考验的。短线投资者如果能够合理应用，就能在很大程度上降低操盘风险，从而扩大收益空间。

　　下面选择江恩七个买卖策略中的几项有关卖出的技巧，解析具体的案例。

实例分析

美迪西（688202）江恩七个买卖策略中的卖点

　　图 4-19 所示是美迪西 2021 年 11 月到 2022 年 2 月的 K 线图。

　　从 K 线图中可以看到，美迪西正处于下跌行情之中。在 11 月初，该股大幅收阴下跌，股价快速跌至 550.00 元以下，随后止跌回升，反弹到 30 日均线附近后受压滞涨，进入横盘之中。

　　但在 11 月底时，股价难以维持在相对高位的横盘，拐头开始下跌。12 月初，股价跌至 550.00 元，也就是前期支撑位下方，随后进行横向的窄幅震荡。

　　12 月 15 日，股价平开后震荡低走，盘中跌势比较平稳，直到进入尾盘后骤然加快下跌速度，最终以 6.29% 的跌幅收出一根大阴线，明显跌破了前期低点，创出新低，形成了策略四的卖点。并且投资者需要等到当日收盘后才能彻底确定新低出现，无形中执行了策略五的操作。

在此之后，股价依旧在不断下跌，直到跌至415.00元价位线附近后才再次止跌，进入横盘震荡当中。在震荡的过程中，415.00元价位线形成了重要支撑，使股价低点始终没有产生大幅下移。

但由于股价高点的不断下移，2022年1月20日，该股大幅收阴下跌，彻底跌破了支撑位，最终行情还是向下跌去。按照策略六的理论，当股价破位下跌到止损位的时候，投资者就要果断卖出，不应有迟疑。

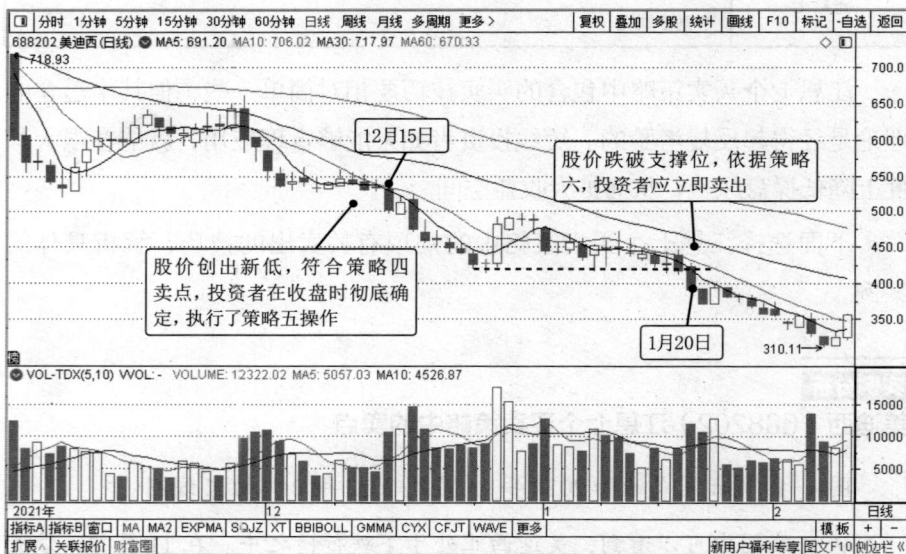

图4-19　美迪西2021年11月到2022年2月的K线图

4.4.3　江恩共振法则的卖点

江恩共振法则是一种比较特殊的理论，它认为当消息面、技术面或基本面等因素同时对股价产生某种影响后，会引发股市或个股的巨幅波动，这种巨幅波动往往表现为极大的升幅或跌幅。

而具体引起共振的条件主要有以下几点。

◆ 当长期投资者、中期投资者、短期投资者在同一时间点，进行方向相同的买入或卖出操作时，将产生向上或向下的共振。

◆ 当时间周期中的长周期、中周期、短周期交会到同一个时间点且方向相同时，将产生向上或向下共振的时间点。

◆ 当长期移动平均线、中期移动平均线、短期移动平均线交会到同一价位点且方向相同时，将产生向上或向下共振的价位点。

◆ 当 K 线系统、均线系统、成交量、KDJ 指标、MACD 指标、布林线指标等多种技术指标均发出买入或卖出信号时，将产生技术分析指标的共振点。

◆ 当金融政策、财政政策、经济政策等多种政策方向一致时，将产生政策面的共振点。

◆ 当基本面和技术面方向一致时，将产生极大的共振点。

◆ 当某一上市公司基本面情况、经营情况、管理情况、财务情况、周期情况方向一致时，将产生这一上市公司的共振点。

股价产生共振并不需要所有条件都满足，当其中某些条件被满足时，共振就可以产生，并会随着被满足条件的增加而加大共振幅度。

下面就以共振条件中的技术指标共振来分析具体案例中的卖点。

实例分析

极米科技（688696）江恩共振法则中的技术指标共振

图 4-20 所示是极米科技 2021 年 6 月到 8 月的 K 线图。

从 K 线图中可以看到，极米科技正处于上涨行情的顶部。在 6 月期间，股价还在震荡中积极上涨，中长期均线呈现稳定的上扬状态，MACD 指标和 KDJ 指标也在向上运行。

直到 6 月底，股价创出 883.78 元的新高后拐头下跌。灵敏的 KDJ 指标最先反应过来，两个交易日后就跟随股价下滑，在接近超买区的位置形成了死叉，发出卖出信号。

MACD 指标也紧随其后，在 KDJ 指标形成死叉后数日，也出现了向下的死叉，进一步加强了下跌信号，指标共振初步形成。

在 KDJ 指标与 MACD 指标都发出看跌信号后，股价也跌到了 800.00 元价位线附近。5 日均线和 10 日均线已经拐头向下，由于滞后性较强，最后一个形成高位死叉。

三项指标先后发出卖出信号，相差仅在几个交易日内，形成了指标共振，向投资者传递出了强烈的看跌预警信号，在此时卖出无疑是最佳选择。

图 4-20　极米科技 2021 年 6 月到 8 月的 K 线图

第5章

均线变动传递卖出信号

均线全称移动平均线，是叠加在K线图中使用的趋势指标，能够反映出从短期到长期投资者的平均持仓成本，以及股价在一定时间内的波动幅度。当均线与K线之间发生位置变动，形成多种形态时，就会释放出强弱程度不同的信号，从而能够帮助投资者寻找到合适的卖点。

5.1 葛兰威尔的卖出法则使用

葛兰威尔的卖出法则出自葛兰威尔均线八大买卖法则之中，是以一条周期均线和股价之间的位置关系为依据，用于预测股价未来的走势，作为买卖的参考。

八大买卖法则中包含了4个买点和4个卖点，其示意图如图5-1所示。

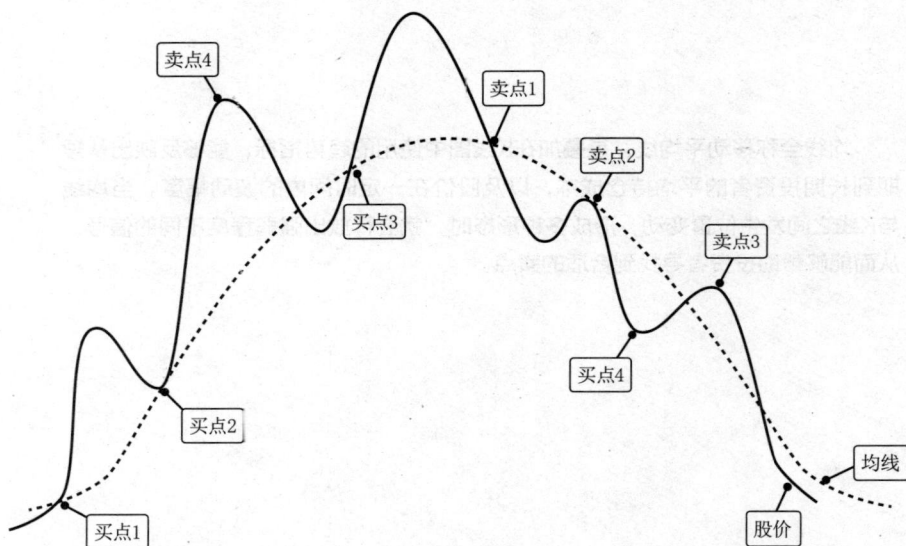

图 5-1　葛兰威尔法则买卖点示意图

在示意图中，实线为股价，虚线为均线。从图5-1可以看到，在上涨过程中存在3个买点和1个卖点；在下跌过程中存在3个卖点和1个买点。对于短线投资者来说，把握住其中4个卖点是非常重要的。

需要注意的是，在使用葛兰威尔八大买卖法则时，最好只选用一条均线。因为不同周期的均线之间存在反应速度上的差异，可能会与法则之间产生相悖的信号，从而影响投资者的判断。

为符合短线投资者的需求，本节将选用周期适中的30日均线来对葛兰威尔八大买卖法则中的卖出法则进行解析。

5.1.1　卖点 1：死亡交叉

卖点 1 是出现在下跌初期的死亡交叉，由下跌的股价击穿 30 日均线形成，二者产生交叉的位置是绝佳卖点。当死亡交叉出现时，30 日均线可能还在上扬，也可能已经走平甚至下跌，主要取决于股价下跌的速度。

如果股价击穿 30 日均线时，均线还在上扬，那么股价还有机会回到其上方，形成一次反弹，留下高点的卖出机会。但如果股价击穿 30 日均线时，均线已经出现了下跌，那么后市大概率会继续沿着下跌轨道前进，因此短线投资者需要果断卖出。

下面来看一个具体的案例。

实例分析

石头科技（688169）卖点 1：死亡交叉

图 5-2 所示是石头科技 2021 年 4 月到 10 月的 K 线图。

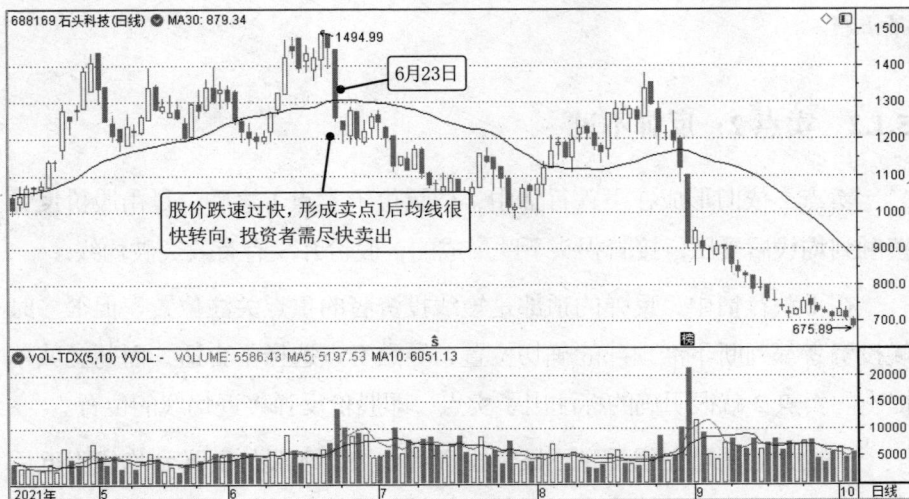

图 5-2　石头科技 2021 年 4 月到 10 月的 K 线图

从 K 线图中可以看到，石头科技正处于下跌行情的初期。在 4 月期间，股价还在快速上涨，直到小幅越过 1 400.00 元价位线后止涨下跌，进入回调之中。

5 月初，股价下跌至 30 日均线附近受到支撑，随后止跌回升，但 1 400.00 元价位线形成了强大的压制，股价多次上攻都无法有效突破。在此期间，30 日均线始终维持着上扬状态，对股价形成有力支撑。

直到 6 月中上旬，该股再次大幅收阳上冲，终于成功冲破了关键压力位来到了其上方，最高达到了 1 494.99 元。但在创出新高后，该股就开始连续收阴下跌，在 6 月 23 日甚至收出了跌幅达到 13.45% 的大阴线，直接跌破了 30 日均线，形成了死亡交叉。

30 日均线在被跌破时，还保持着上扬状态，只是在大阴线出现后才开始走平，并跟随股价的下跌而加大下行角度。

由于均线的转向速度较快，发出的卖出信号也是比较强烈的。从其初期的跌速来看，等到股价反弹时，其跌幅可能会超过投资者的止损点。那么投资者就不必等待，直接在死亡交叉形成当日或其后几个交易日快速卖出，尽早止损。

5.1.2　卖点 2：反弹不过

卖点 2 依旧形成在下跌行情中，位置位于卖点 1 之后，是由股价反弹接触到均线后受压，接着拐头下跌形成的，股价并没有有效突破均线。

在下跌行情中，反弹的顶部是短线投资者的重点关注位置，但很多时候投资者都判断不准顶部的确切位置，导致卖点选择不合适。而葛兰威尔提出的卖点 2 就很明确的标注出了卖点，即股价反弹接近均线的位置。

卖点 2 的精髓在于反弹不破，投资者如果发现股价反弹到均线附近后出现滞涨，或是沿着均线方向运行，却始终无法越过的走势，就说明顶部大概率已经出现，此时投资者择高卖出即可。

下面来看一个具体的案例。

实例分析

润和软件（300339）卖点 2：反弹不过

图 5-3 所示是润和软件 2021 年 4 月到 9 月的 K 线图。

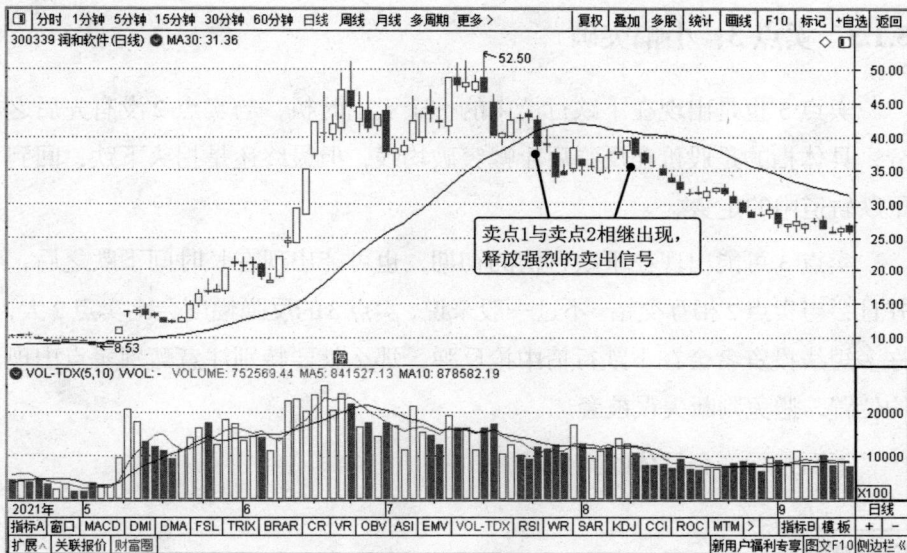

图 5-3　润和软件 2021 年 4 月到 9 月的 K 线图

　　从 K 线图中可以看到，润和软件正处于上涨行情的顶部。在 4 月期间，股价还在相对低位横盘整理，直到进入 5 月后才在成交量的支撑下快速上涨，经历一段时间的震荡后，股价来到了 50.00 元价位线附近。

　　首次触及该价位线时，股价形成了冲高回落的走势，随后进入回调，说明该价位线具有一定压制作用。7 月初，股价再次上攻，但在小幅越过 50.00 元后依旧受压下跌，很快便跌破了 30 日均线，形成卖点 1。

　　30 日均线被跌破后不久，就跟随着快速下跌的股价完成了向下的转向。而股价则在 35.00 元价位线上受到支撑后开始了反弹，不过反弹力度较小，也没有成交量的强力支撑，使得股价在靠近 30 日均线时就出现了滞涨，最终被压制下跌，反弹不破后形成了卖点 2。

接连出现的卖点1与卖点2，向投资者传递出了后市看跌的强烈信号。若投资者在卖点1还没反应过来，依旧持股观望的话，卖点2的出现就再次敲响了警钟，投资者不应再错过这一个止损点。

5.1.3 卖点3：小幅突破

卖点3也是出现在下跌行情中的一个卖出时机，与卖点2没有先后之分，具体指的是股价在反弹后小幅突破均线，但最终还是拐头下跌，回到下跌轨道中的走势。

卖点3可能出现在下跌行情的初期，也可能出现在长时间下跌之后，并且会与卖点2相互交错。不过一般来说，卖点3的反弹幅度会比卖点2大，许多短线投资者会在下跌行情中抢反弹，那么就要特别注意甄别卖点出现的位置，避免判断失误被套。

下面来看一个具体的案例。

实例分析
山东药玻（600529）卖点3：小幅突破

图5-4所示是山东药玻2020年7月到2021年2月的K线图。

从K线图中可以看到，山东药玻正处于下跌行情的初期。在2020年7月期间，股价还在积极上涨，直到8月初，股价创出76.85元的新高后快速拐头下跌，数个交易日后便跌破了30日均线，形成卖点1。

9月初，股价在经历一个多月的下跌后来到了45.00元价位线附近，在此受到支撑后横盘了一段时间，随即开始反弹。第一次的反弹小幅越过了30日均线，但很快受到压制拐头下跌，股价在45.00元上再次得到支撑上攻。

这一次上攻成功突破了30日均线，在其上方运行并继续上涨一段时间后上涨动能减弱，股价开始下跌，回到30日均线下方，前后形成卖点2和卖点3。

　　股价继续下跌后，于 11 月初到达了 40.00 元价位线附近，随后止跌反弹，但受到均线压制未能有效突破，向下滑去，再次形成卖点 2。

　　数日后，股价在成交量的放量支撑下快速上涨，成功突破了 30 日均线运行到其上方，并继续上涨。直到 12 月底时，股价越过 50.00 元后才出现滞涨，最终向下滑落，形成又一个卖点 3。

　　从整段走势可以发现，卖点 2 与卖点 3 不断交错形成，高点也不尽相同，但卖点 3 的位置还是要比卖点 2 高一些。投资者在发现这种卖点 2 与卖点 3 频繁交错出现的走势时，可以不急于在卖点 2 出手，多观察一段时间，就有机会抓住卖点 3，扩大收益。

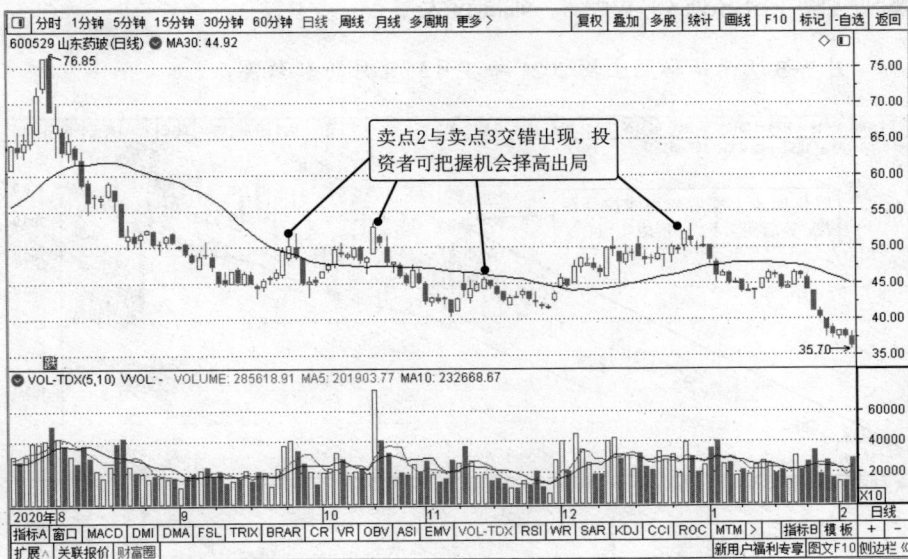

图 5-4　山东药玻 2020 年 7 月到 2021 年 2 月的 K 线图

5.1.4　卖点 4：乖离过大

　　卖点 4 比较特殊，它是唯一出现在上涨行情中的卖点，判定标准为乖离过大。这里的乖离指的是股价与均线之间的偏离，简单来说就是二者之间相隔的距离。

当股价在快速上涨到远离均线的位置时，场中会积累大量的获利盘和短线盘，抛压逐渐加大，最终在某一时刻压制股价下跌，形成阶段顶部的卖点4。

相较于下跌行情中的卖点来说，这个卖点的安全性较高，也是短线投资者兑现获利的绝好机会。在判断卖点4出现后，短线投资者就可以积极卖出。

下面来看一个具体的案例。

实例分析
华熙生物（688363）卖点4：乖离过大

图5-5所示是华熙生物2021年3月到8月的K线图。

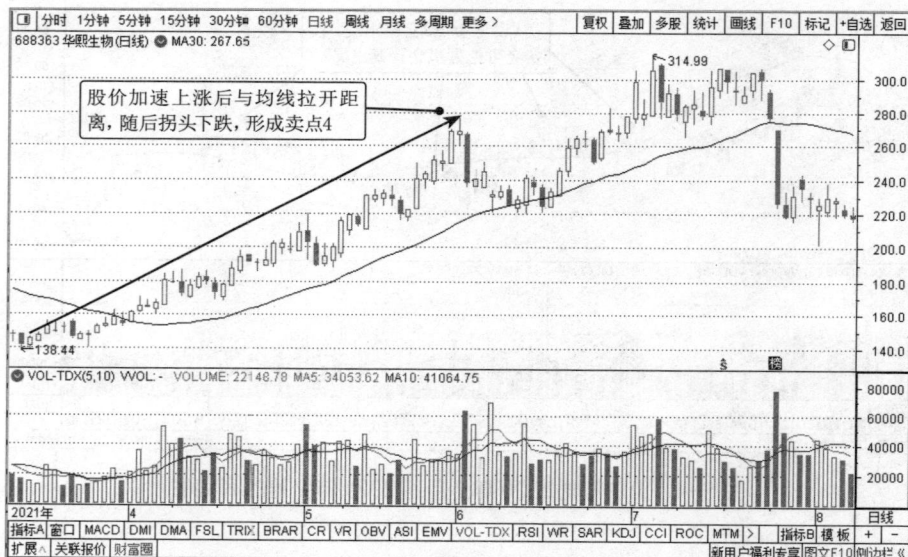

图5-5 华熙生物2021年3月到8月的K线图

从K线图中可以看到，华熙生物正处于上涨行情中。从30日均线的状态可以发现，在3月初时，股价还在回调整理，导致均线下行。直到

3 月中上旬之后，股价才开始回升，很快便突破了均线运行到上方，进入快速的上涨之中。

从 4 月到 5 月，股价的涨势都非常稳定，并且到后期的涨速还有所加快，股价与 30 日均线之间的距离逐渐被拉开，乖离愈发加大。在经历两个月左右的上涨后，股价已经来到了 260.00 元价位线附近，属于比较高的位置了，相较于上涨初始的 140.00 元左右，上涨约 86%，非常可观。

就在股价越过 260.00 元价位线并逐渐靠近 280.00 元价位线时，形成了冲高回落的走势，并于 6 月初收出一根跌幅达到 11.54% 的大阴线，股价直接跌到了 240.00 元以下。

在股价与均线乖离拉大的同时，股价再次形成大幅下跌的走势，这就说明场内获利盘开始集中抛售，抛压骤增，卖点 4 出现。

这是向短线投资者发出的回调预警信号，无论是半途追涨入场的投资者，还是在股价上涨初始就买进的投资者，此时的卖点 4 是绝佳的兑现位置。

5.2 均线的下跌特殊形态分析

除了应用葛兰威尔买卖法则之外，一般情况下投资者都会使用多条均线的组合来对股价走势进行研判。当这些均线随着股价的运行而波动时，会产生一些特殊的形态，这些形态如果出现在特定的位置，就有可能传递出可靠的卖出信号。

对于短线投资者来说，观察均线的特殊下跌形态是非常重要的，它能够帮助投资者准确定位卖点，及时止盈或止损。

在选用均线时，投资者可根据自身需求进行搭配。如超短线投资者可以选用 3 日均线、5 日均线及 10 日均线的组合，或是在分钟 K 线图中选择以分钟为单位的超短期均线，数量最好不要太多，以三到四条为佳。

为适应大部分短线投资者的需求，本节将在日 K 线图中选择 5 日均线、10 日均线、30 日均线及 60 日均线的组合，对均线的特殊下跌形态进行解析。

5.2.1　行情顶部的死亡谷

死亡谷由三条均线构成，指的是股价在运行到相对高位后，均线组合中的短周期均线由上往下穿过中等周期均线，而中等周期均线在随后也由上往下穿过长周期均线，从而形成的一个尖头朝下的不规则三角形，其示意图如图 5-6 所示。

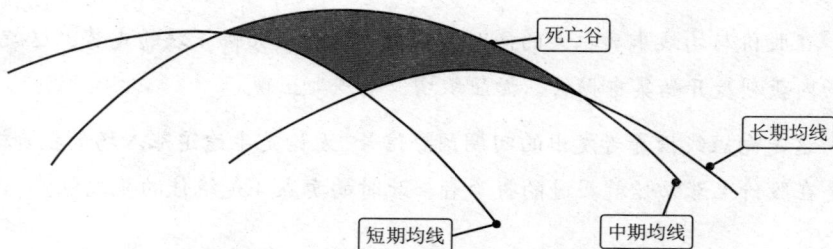

图 5-6　死亡谷示意图

死亡谷一般出现在阶段顶部或是行情顶部，在行情顶部形成时的卖出信号最为强烈，并且构成死亡谷的均线周期越长，信号越可靠。

不过，对于短线操盘的投资者来说，当 5 日均线、10 日均线与 30 日均线之间形成死亡谷后，就可以及时撤离了。若等到 10 日均线、30 日均线与 60 日均线形成死亡谷，股价的下跌幅度就已经很大了，会加重短线投资者的损失。

下面来看一个具体的案例。

实例分析

新日股份（603787）行情顶部的死亡谷卖点

图 5-7 所示是新日股份 2020 年 10 月到 2021 年 2 月的 K 线图。

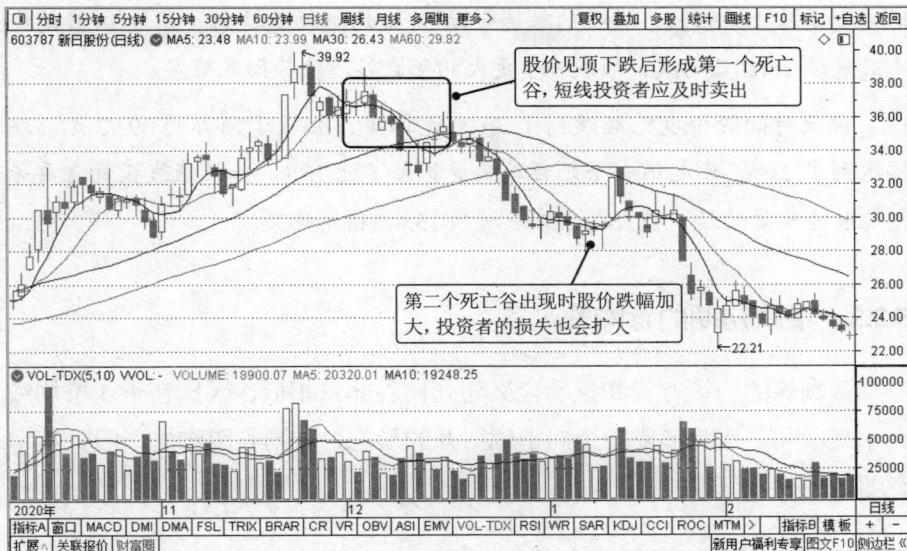

图 5-7　新日股份 2020 年 10 月到 2021 年 2 月的 K 线图

从 K 线图中可以看到，新日股份正处于上涨行情的顶部。从 2020 年 10 月到 11 月，股价还在震荡上涨，并于 11 月底创出了 39.92 元的新高，随后冲高回落。

股价下跌后很快在 36.00 元价位线附近受到支撑止跌横盘，但敏感的 5 日均线和 10 日均线已经跟随下行，并形成了死亡交叉，但 30 日均线还在上行。

12 月初，股价跌破 36.00 元价位线的支撑，快速下滑到 34.00 元以下，并跌破了 30 日均线。5 日均线和 10 日均线跟随下行，在后续双双跌破了 30 日均线，形成了一个死亡谷。

死亡谷形成时，股价刚好有一次小幅的反弹，回到了接近 36.00 元价位线的位置，相较于顶部的 39.92 元，跌幅有了近 10%。短线投资者在此位置出货，可以降低一部分损失。

继续来看后面的走势，股价在反弹接触到 36.00 元价位线后，很快便拐头下跌，跌速越来越快，直至跌破 60 日均线后数日，才在 30.00 元价位线附近受到支撑止跌横盘。较快的跌速带动 30 日均线彻底转向，并与 10 日均线先后跌破了 60 日均线，形成一个更大的死亡谷，跌势彻底确定。

但此时的股价也已经跌到了 30.00 元以下，相较于顶部的 39.92 元，跌幅达到了 25%，比起第一个死亡谷来说扩大了近 15%。如果短线投资者要等到此时才出货的话，损失也会相应增加 15%，得不偿失。

5.2.2 下跌初期的毒蜘蛛

毒蜘蛛的构筑方式和预示含义与死亡谷非常相似，区别在于 3 条均线会相交于同一点，形成一个向下辐射开的形态，如同长腿蜘蛛一般，其示意图如图 5-8 所示。

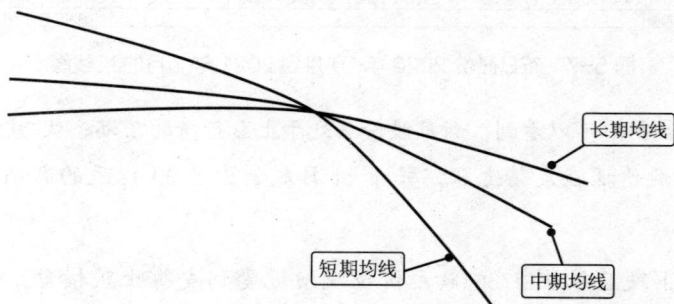

图 5-8 毒蜘蛛示意图

毒蜘蛛形成的位置也在阶段顶部或行情顶部，发出的是卖出信号。形态可以由 3 条均线构成，也可以由 4 条或以上的均线构成，参与的均线数量越多，形态的信号越可靠。

均线相交于同一个点后下跌的形态，说明股价见顶后的跌速非常快，几乎在同一时段将短期、中期和长期均线全部下拉，后市看跌的信号比死亡谷还要强。因此，投资者在发现毒蜘蛛形态后，就要立即卖出，不能惜售。

下面来看一个具体的案例。

实例分析

国城矿业（000688）下跌初期的毒蜘蛛卖点

图 5-9 所示是国城矿业 2020 年 8 月到 11 月的 K 线图。

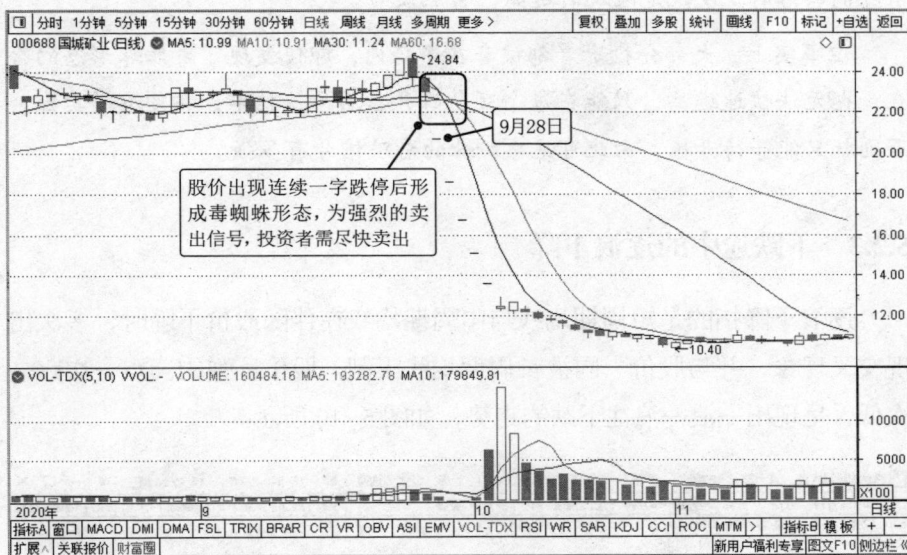

图 5-9　国城矿业 2020 年 8 月到 11 月的 K 线图

从 K 线图中可以看到，国城矿业正处于上涨行情的顶部。从 8 月到 9 月，股价长时间在相对高位横向震荡，22.00 元价位线和 24.00 元价位线分别构成了重要支撑位和压力位。

9 月底时，股价在成交量的支撑下快速收阳上涨，很快突破了 24.00 元价位线的压制，并创出 24.84 元的新高。但在价格创新高后股价就形成了冲高回落的走势，并在次日继续下跌，回到了盘中区间内。

9 月 28 日，股价毫无征兆地形成一字跌停，价格直接跌破 22.00 元价位线的支撑。极快的跌速导致 5 日均线、10 日均线和 30 日均线直接转向下方，60 日均线由上扬转为走平，但还未形成交叉。

次日，股价继续一字跌停，快速跌至 19.00 元价位线下方，当日 5 日均线、

30日均线和60日均线同时交叉于一点，形成了一个毒蜘蛛，发出了强烈的卖出信号。

但此时股价已经开始了连续的一字跌停，如果短线投资者能够在前期股价冲高回落时就发现危险及时逃离，自然最好。

但事实上，大部分投资者都被套在了场内，即使发现了毒蜘蛛形态的存在，也无法快速逃离，只能在每个交易日开盘后尽快挂单，希望尽早卖出，否则就只能等待开板，由此可见毒蜘蛛的看跌信号有多强。

5.2.3 下跌途中的逐浪下降

逐浪下降指的是短周期均线与中周期均线在伴随股价下降时，多次出现交叉现象，并与股价一同被长周期均线压制。股价反弹的高点一次比一次低，呈现出一浪一浪往下跌的走势，如图5-10所示。

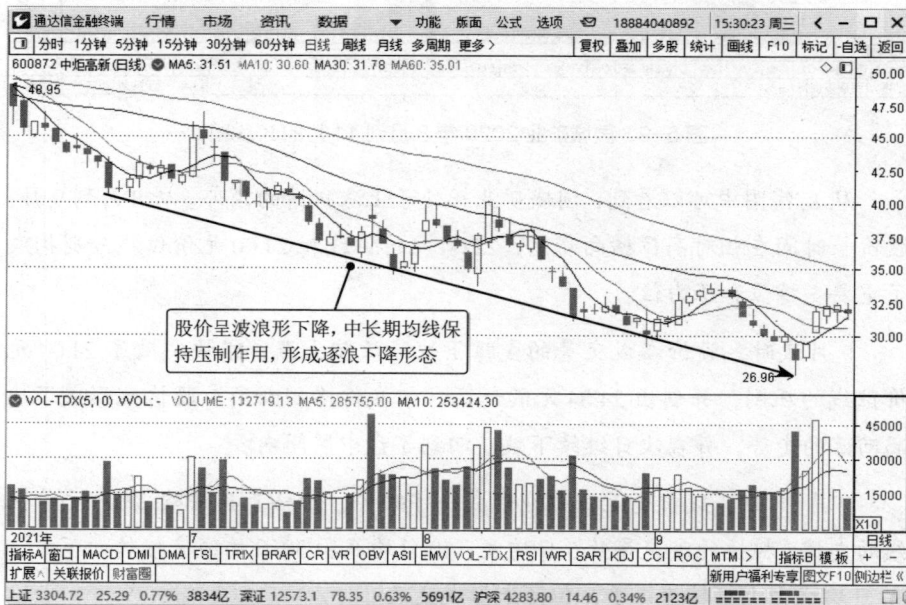

图5-10 均线逐浪下降的形态

逐浪下降一般出现在持续的下跌行情中，形成时间相对较长，是股价下跌空间巨大，后市跌势明朗的预示。投资者在发现逐浪下降形成后，就要尽快选择合适的高点出局，避开后市的长时间下跌。

下面来看一个具体的案例。

实例分析
玲珑轮胎（601966）下跌途中的逐浪下降卖点

图 5-11 所示是玲珑轮胎 2021 年 3 月到 9 月的 K 线图。

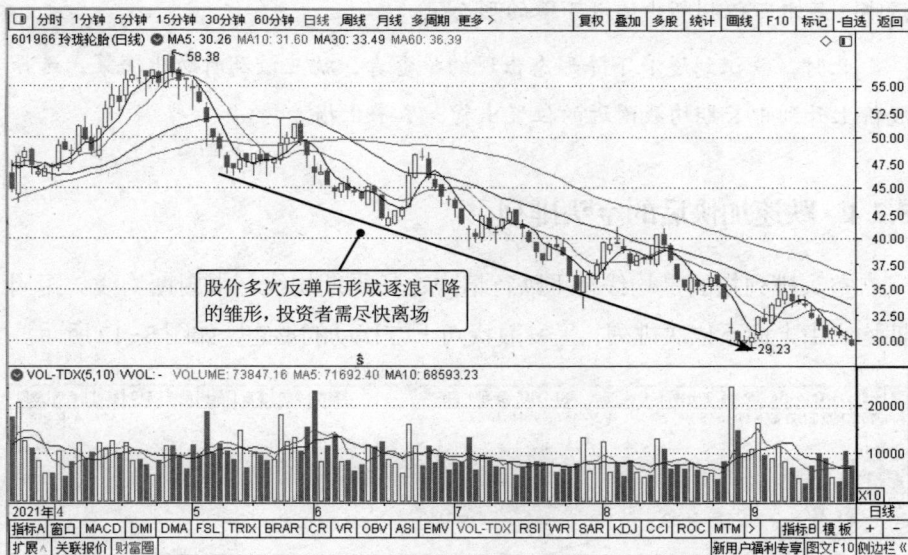

图 5-11　玲珑轮胎 2021 年 3 月到 9 月的 K 线图

从 K 线图中可以看到，玲珑轮胎正处下跌行情之中。从 3 月到 4 月，股价还在快速上涨，直到 4 月底创出 58.38 元的新高后才冲高回落，随后进入下跌行情中。

较快的跌速带动 5 日均线和 10 日均线迅速拐头向下，30 日均线和 60 日均线也在随后出现了走平以及转向。

5 月中上旬，股价在跌至 45.00 元价位线上方后受到支撑止跌反弹，高点达到了 50.00 元以上，但 30 日均线形成了强力的压制，股价在相对高位震荡数日后，最终回到下跌轨道中。此次下跌后，4 条均线都完成了转向，只是 5 日均线和 10 日均线会受股价反弹的影响而产生交叉。

6 月中旬，股价在 40.00 元价位线附近止跌后再次快速反弹，带动 5 日均线和 10 日均线拐头向上形成交叉。但股价在反弹至 60 日均线附近后就受到压制下跌，两条短周期均线也跟随下行，形成死叉。

从整体来看，股价的两次反弹都带动短周期均线形成了交叉，并且都在中长期均线处受到压制而下跌。同时，股价整体下跌的形态比较规整，浪形清晰，基本可以判断出逐浪下降的形态了。

此时，意识到逐浪下降形态出现的投资者，就应该及时做出决策，选择股价上升到中长期均线附近的位置出货，尽早止损。

5.2.4 跌速加快后的空头排列

空头排列指的是均线在下跌行情中，长周期均线、中周期均线、短周期均线由上而下依次排列，呈发散状向下方移动的形态，如图 5-12 所示。

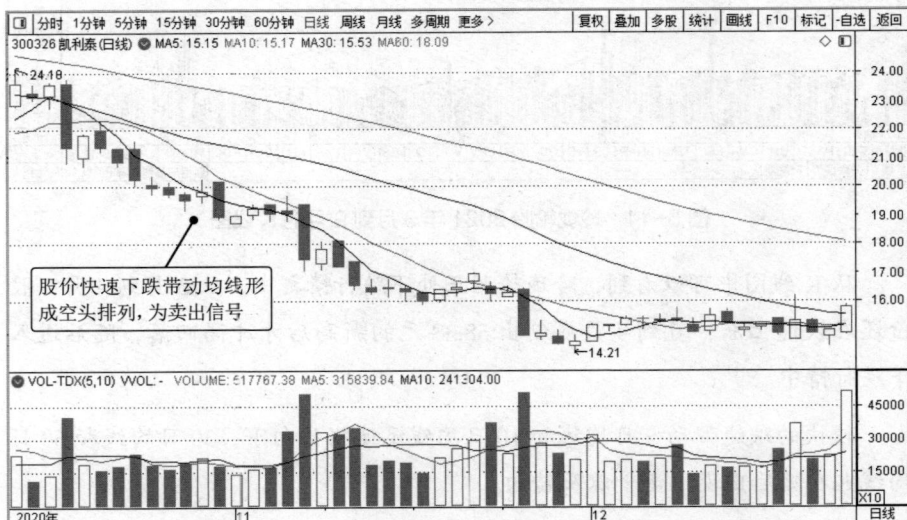

图 5-12 均线空头排列的形态

　　空头排列的出现意味着行情的跌势持续、稳定，股价在下跌过程中也并没有产生幅度较大的反弹，导致短期均线之间产生交叉。也就是说，股价几乎一直处于低点下移的状态，期间没有多少合适的高位卖点。

　　对于短线投资者来说，在遇到空头排列时就算无法找到合适的高位，也要在形态出现后快速卖出，及时止损。

　　下面来看一个具体的案例。

实例分析

中国电研（688128）跌速加快后的空头排列卖点

　　图 5-13 所示是中国电研 2022 年 1 月到 4 月的 K 线图。

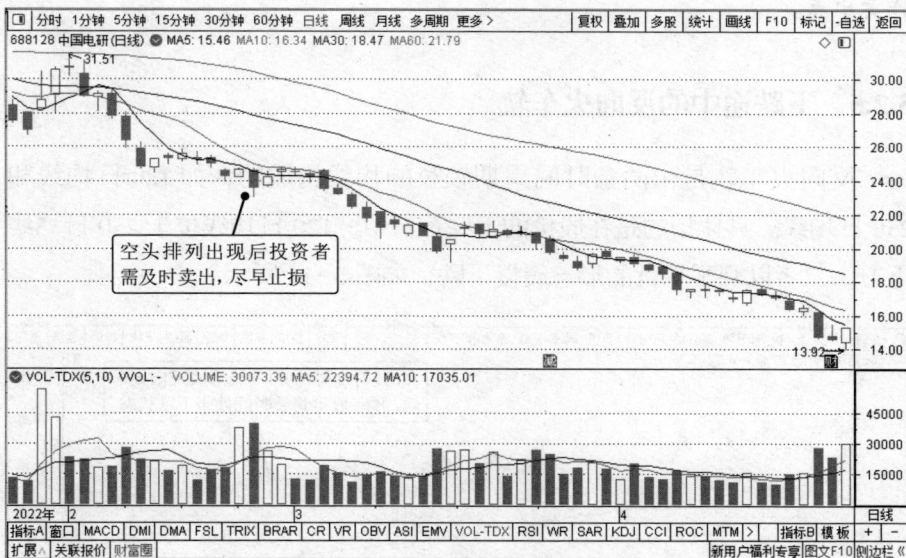

图 5-13　中国电研 2022 年 1 月到 4 月的 K 线图

　　从 K 线图中可以看到，中国电研正处于下跌行情之中。在 1 月期间，股价还在进行小幅的反弹，5 日均线、10 日均线和 30 日均线产生了交叉，但 60 日均线仍然保持着下跌。

　　2 月初，股价快速拐头下跌，带动 5 日均线、10 日均线和 30 日均线向下发散开来，并拉开了距离，与 60 日均线一起形成了空头排列的形态。

在空头排列出现后，股价已经跌至 24.00 元价位线附近，并在受到支撑后跌速减缓，进入横盘之中。由于股价并未在横盘期间产生大幅波动，5 日均线和 10 日均线也没有产生交叉，空头排列依旧成立，投资者可在这段时间内积极抛盘，降低损失。

从后续的走势中也可以看到，股价在空头排列后就长时间保持着下跌，期间仅仅在 3 月中下旬时出现了一次幅度较小的反弹，导致 5 日均线和 10 日均线产生交叉，破坏了空头排列的形态。

但股价此次的反弹时间较短，数日后就重新回到下跌轨道，延续了空头排列的走势。前期还没有出货，或是误入场内的短线投资者，可以将此处当作卖出点。

5.2.5 下跌途中的反向火车轨

反向火车轨是由两条时间周期较长的均线构成的，如 120 日均线和 250 日均线。具体指的是在股价的下跌行情中，120 日均线位于 250 日均线下方，二者以几乎平行的形态缓慢下跌，如图 5-14 所示。

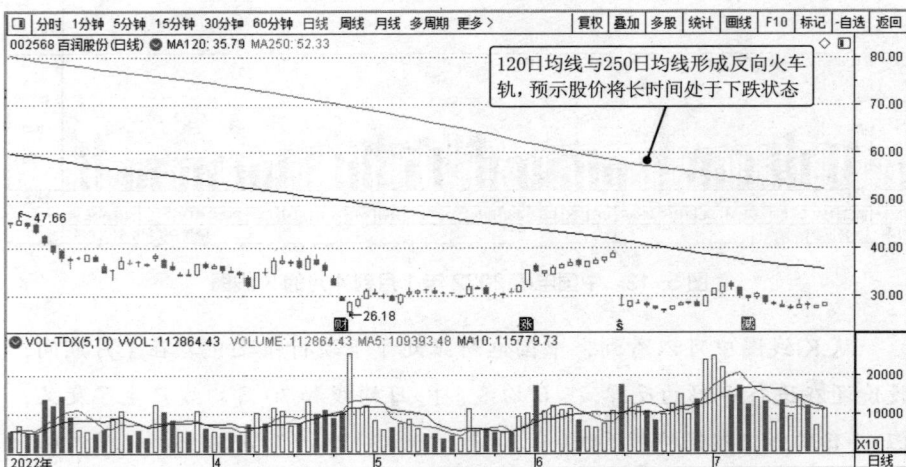

图 5-14 均线反向火车轨的形态

　　由于这两条均线的时间周期较长，并不适合短线投资者用来研判买卖点，但对于观察趋势转变情况与当前所处行情来说，还是非常实用的。

　　当股价从顶部下跌后，两条长期均线会进入从走平到拐头向下的过程，尽管转变过程比较缓慢，但投资者依旧能够观察到。再结合股价的下跌走势，就能基本上判断出下跌行情的到来。

　　同样的，在下跌过程中，120 日均线和 250 日均线形成反向火车轨时，就意味着股价的下跌趋势将延续下去，如果下跌期间有反弹，也很难突破这两条均线的压制。因此，短线投资者在下跌行情中抢反弹时，就可以借助反向火车轨来确定合适的止盈或止损点。

　　下面来看一个具体的案例。

实例分析

贝瑞基因（000710）下跌途中的反向火车轨卖点

　　图 5-15 所示是贝瑞基因 2021 年 5 月到 2022 年 1 月的 K 线图。

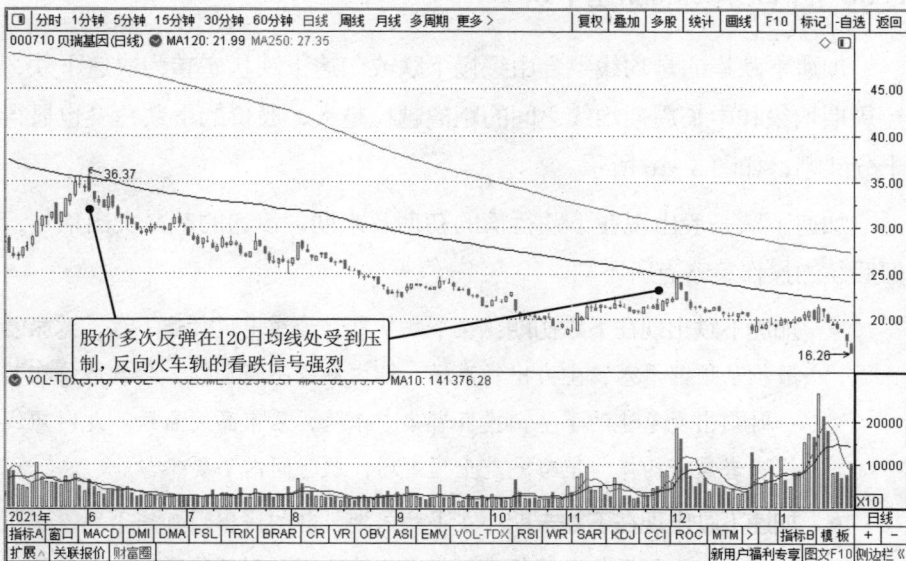

图 5-15　贝瑞基因 2021 年 5 月到 2022 年 1 月的 K 线图

从 K 线图中可以看到，贝瑞基因正处于下跌行情之中。从两条长期均线的状态可以发现，120 日均线处于 250 日均线的下方，两条均线呈现稳定的下滑状态，形成反向火车轨，说明行情跌势将长期保持。

在均线下滑的同时，股价也在产生波动。在 2021 年 5 月，股价跌至 25.00 元价位线上方后受到支撑开始反弹，一直反弹到最高的 36.37 元，小幅越过 120 日均线后，便受到长期均线的强力压制，拐头进入下跌。这一接触到 120 日均线的高点，就可作为一个出货点。

在后续数月的时间内，股价在 120 日均线下方震荡下行，期间出现了多次反弹，但都在距离均线较远的位置停下。

直到 10 月底时，股价跌至 20.00 元价位线以下，随后在成交量的支撑下快速反弹，很快便来到了 25.00 元价位线附近。但 120 日均线对其施加了强大的压制，导致股价再次突破失败，在接触到均线后就拐头下跌，回到下跌轨道，那么这一高点依旧可以视作卖点。

5.2.6 下跌末期的加速下跌

加速下跌指的是均线组合由缓慢下跌或匀速下跌状态转为快速下跌，短周期均线和中长周期均线之间的距离越拉越大，股价的下跌角度也显得十分陡峭，如图 5-16 所示。

加速下跌一般出现在下跌行情的初期及末期，传递的都是卖出信号，但后续的操作策略有所不同。

- ◆ **加速下跌出现在下跌初期**：在下跌初期，均线出现加速下跌，意味着股价从顶部滑落，主力出货离场，场内抛压不断加强，导致股价在某一时刻出现急速的下坠，投资者集中杀跌，后市高度看跌。此时短线投资者最好的操作策略就是止损离场，短时间内不要参与。

- ◆ **加速下跌出现在下跌末期**：在下跌末期，若均线出现加速下跌，说明可能是主力的压价吸筹行为。将股价快速下拉到低价区域，便于降低持股成本，待到主力吸筹完毕，股价将迎来一波拉升。对于短线投资者来说，尽管后市将上涨，但短时间内的下跌幅度可能比较大，短线操盘策略还是以离场为佳，待到股价上涨时，再买进也不迟。

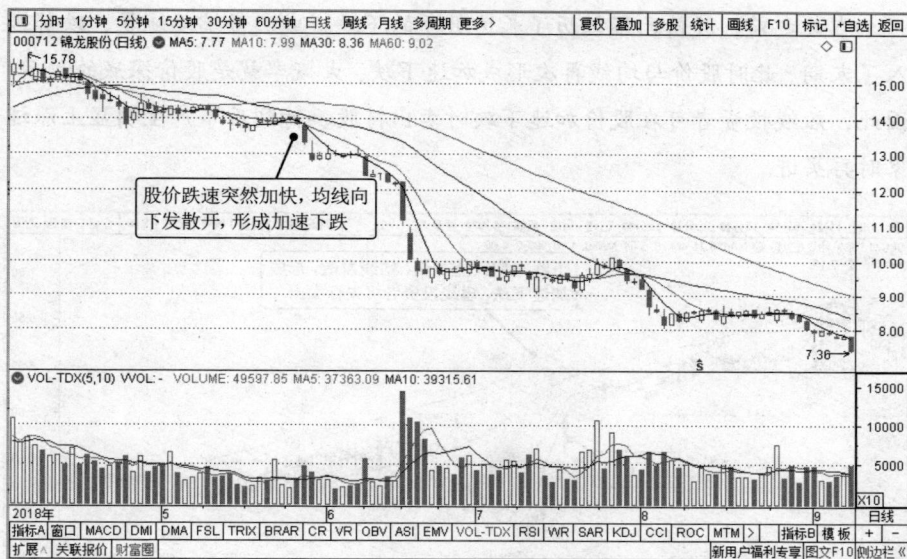

图 5-16　均线加速下跌的形态

下面来看一个具体的案例。

实例分析

丰乐种业（000713）下跌末期的加速下跌卖点

图 5-17 所示是丰乐种业 2018 年 8 月到 2019 年 1 月的 K 线图。

从 K 线图中可以看到，丰乐种业正处于下跌行情的末期。在 8 月期间，股价经历了一次快速的反弹，但很快便回到下跌轨道，在震荡中不断下滑，均线组合互相穿插，随着股价向下运行。

这样的走势一直维持到 10 月初，股价在 5.50 元价位线附近受到支撑横盘数日，随后于 10 月 11 日低开低走，盘中最终跌至跌停板上封住，当日收出一根跌停大阴线，开始了加速下跌的走势。

在后续的数个交易日内，股价连续收阴下跌，跌速相较于前期大大加快，带动4条均线迅速向下发散开来，在加速下跌后形成空头排列，释放出卖出信号。

在此之前，股价已经经历了长达数年的下跌，成交量缩至地量，跌势进入了末期。此时股价与均线再次形成加速下跌，大概率就是股价探底的预示。因此，短线投资者可在股价加速下跌时卖出持股，待到后市产生明显上涨迹象时再买进。

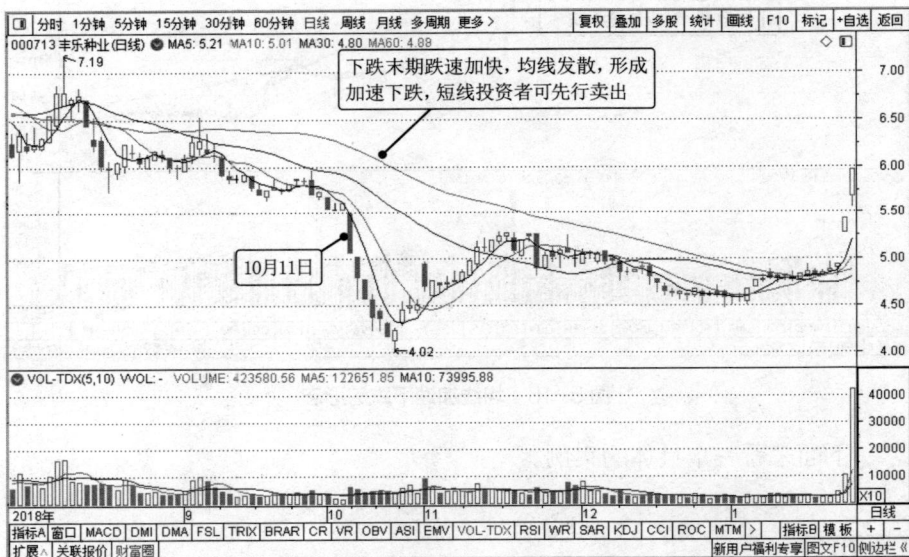

图 5-17 丰乐种业 2018 年 8 月到 2019 年 1 月的 K 线图

5.2.7 一阴破三线的断头铡刀

断头铡刀指的是当股价在相对高位盘整后渐渐下滑，5 日均线、10 日均线和 30 日均线由前期的上扬转为走平并逐渐黏合在一起。此时出现一根阴线接连跌破三条均线，并在后续持续下跌，形成了断头铡刀形态，如图 5-18 所示。

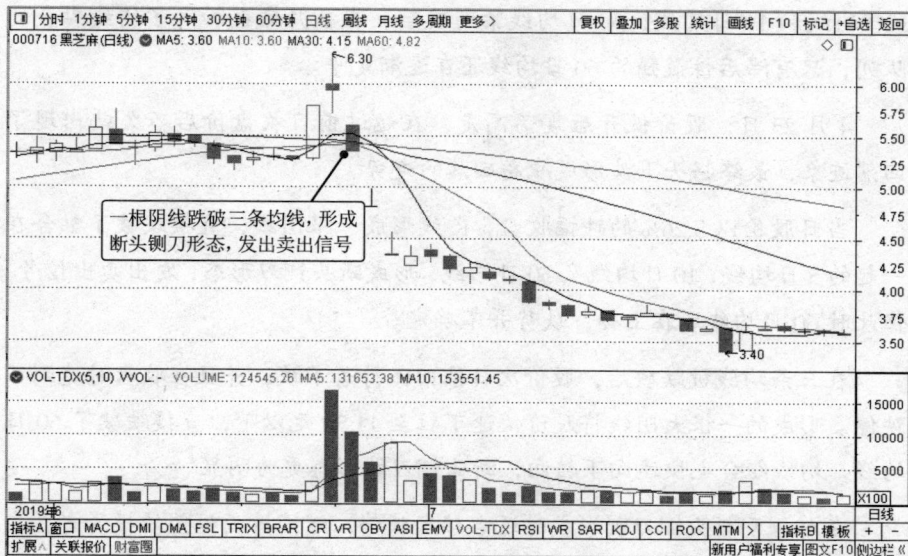

图 5-18 均线断头铡刀的形态

通常情况下，在行情高位或是阶段高位形成断头铡刀，释放的卖出信号是最为强烈的。它意味着主力的大批量出货及散户的集中杀跌，其后市的走向非常不乐观，短时间内甚至会出现连续跌停。

因此，短线投资者在遇到断头铡刀形态时，应当第一时间撤离，在场内停留的时间越久，损失就会越大。

下面来看一个具体的案例。

实例分析

罗牛山（000735）断头铡刀卖点

图 5-19 所示是罗牛山 2019 年 2 月到 6 月的 K 线图。

从 K 线图中可以看到，罗牛山正处于阶段的顶部。在 2 月期间，股价还在积极上涨，并很快来到了 13.50 元价位线附近。多次上攻不破后，该价位线成了关键的压力位，股价进入横盘震荡。

在震荡的过程中，均线受其影响逐渐聚拢在一起。首先形成交叉的就是

5 日均线和 10 日均线，30 日均线紧随其后，在 3 月底也加入了均线黏合的队列，只有滞后性最强的 60 日均线还在逐渐走平。

4 月 25 日，股价低开后震荡高走，在越过前日收盘价后不久就出现了回落迹象，最终拐头下跌形成冲高回落的走势。

当日股价以 5.26% 的跌幅收盘，K 线形成一根阴线，直接跌破了黏合在一起的 5 日均线、10 日均线及 30 日均线，形成断头铡刀形态，发出卖出信号。但此时 60 日均线还在上扬，跌势并不确定。

在三条均线被跌破后，股价次日依旧保持着下跌，并且在收盘时达到了跌停。形成的一根大阴线将股价快速下拉至 11.50 元以下，直接跌破了 60 日均线，均线组合也快速向下转向，断头铡刀的形态更为明显。

在前一天断头铡刀刚形成时还未确定跌势，继续持股观望的投资者，在观察到次日的持续下跌走势后，就应该及时反应过来，快速将持股售出，避开后市的大幅下跌。

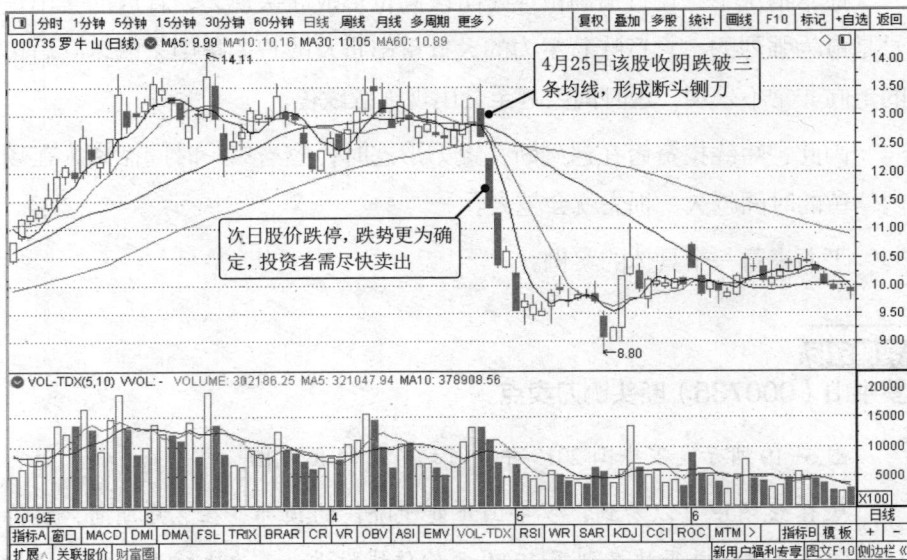

图 5-19　罗牛山 2019 年 2 月到 6 月的 K 线图

5.2.8　下跌初期的倒挂老鸭头

倒挂老鸭头的形态比较特殊，需要经历较长时间的构筑，使用到的均线也只有 5 日均线、10 日均线和 60 日均线，其形态示意图如图 5-20 所示。

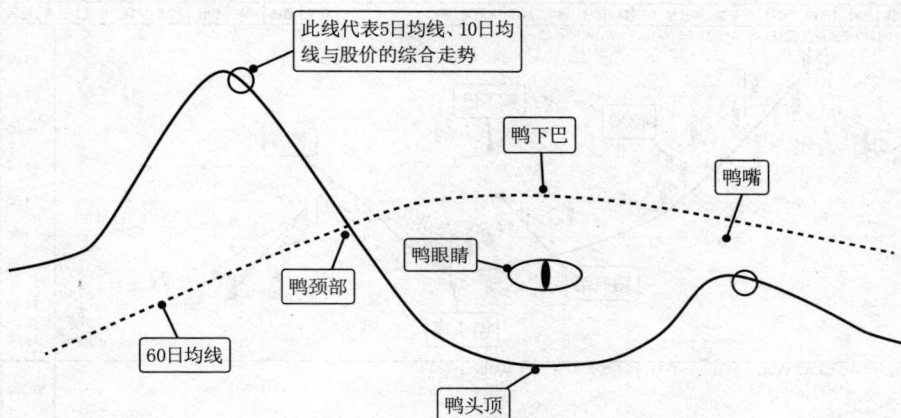

图 5-20　倒挂老鸭头形态示意图

其实简单来看，倒挂老鸭头就是股价从顶部滑落后跌破 60 日均线，随后形成了一次幅度较小的反弹，在离 60 日均线还有一段距离时就拐头下跌的走势。其中包含的鸭颈部、鸭眼睛、鸭下巴等，都是股价在运行时自然形成的，整体形态并不复杂。

对于短线投资者来说，倒挂老鸭头形态构筑期间存在许多的卖点，比如跌破 60 日均线的鸭颈部，反弹靠近 60 日均线的鸭嘴部等。这些地方都可以作为离场的位置，投资者并不一定要等到形态构筑完毕再卖出，毕竟到那时，股价的跌幅已经比较大了。

当然，市场中不乏希望确认跌势后再离场的投资者。那么这部分投资者在倒挂老鸭头形态构筑完成后，就要果断卖出了，此时再惜售，损失将进一步扩大。

下面来看一个具体的案例。

实例分析

天通股份（600330）下跌初期的倒挂老鸭头卖点

图 5-21 所示是天通股份 2021 年 12 月到 2022 年 4 月的 K 线图。

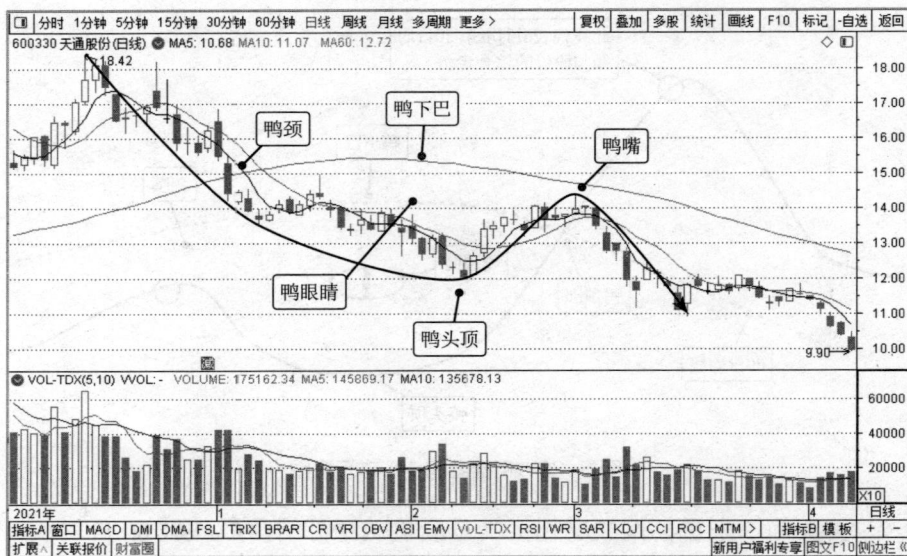

图 5-21　天通股份 2021 年 12 月到 2022 年 4 月的 K 线图

从 K 线图中可以看到，天通股份正处于上涨行情的顶部。在 2021 年 12 月中上旬，股价还在快速上涨，直至创出 18.42 元的新高后冲高回落，进入下跌之中。

股价从顶部滑落数日后，5 日均线和 10 日均线跟随下行，很快形成了死叉。在后续的交易日里，股价震荡下跌，最终于 2022 年 1 月初跌破了 60 日均线，运行到其下方，传递出一个卖出信号。

股价在跌破 60 日均线后进行了小幅的回抽，确认上方压力后继续下跌，直到 2 月初跌至 12.00 元价位线附近才止跌，并出现了反弹迹象。2 月中下旬，股价上涨至 14.00 元价位线附近受阻横盘，最终于 3 月初反弹见顶进入下跌，顶部距离下行的 60 日均线还有一段距离。

此时观察整体走势就可以发现，鸭颈、鸭眼睛、鸭头顶、鸭下巴及鸭嘴已经全部成形。并且股价在反弹见顶下跌后，5 日均线和 10 日均线也形成了向下的死叉，倒挂老鸭头构筑完成，还未完成出货的投资者，此时就要立即卖出了。

5.3　均线组合的发散与扭转

投资者在使用多条均线组成的均线组合时，会发现不同周期均线的滞后性及与股价的贴合度之间存在很大的不同。

比如 5 日均线与 60 日均线之间的对比，当股价产生波动时，5 日均线大部分时间都是紧贴着 K 线变动。60 日均线却往往会在股价向着某一方向运行较长时间后，才彻底转变运行方向。

这就导致均线组合之间会跟随股价的变动，而产生聚拢、散开或扭转的走势。这样的走势对短线投资者的买卖操作具有很强的指导意义，能够抓住可靠的卖点，下面就来介绍均线的发散与扭转。

5.3.1　均线黏合后向下发散

首先来介绍什么是发散。均线发散是指股价在盘整结束后，均线由聚拢转为分离，并呈同步向某一方向辐射开的现象，主要分为黏合后向上发散和黏合后向下发散。

其中，黏合后向下发散是投资者在寻找卖点时需要重点关注的。具体指的是股价在经历盘整后向下滑落，均线组合由黏合转为方向向下的发散，表明市场即将进入空头，因此也被称为空头发散。

图 5-22 所示是均线黏合后向下发散的形态图。

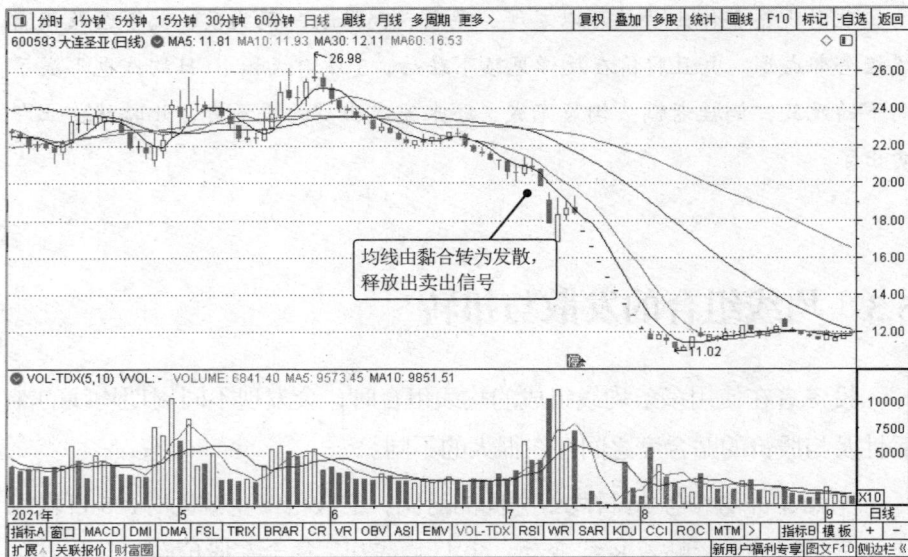

图 5-22　均线黏合后向下发散的形态图

均线黏合后向下发散属于非常常见的均线形态，在上涨行情和下跌行情中都可能出现。在上涨行情中出现的形态意味着股价阶段见顶，即将进入回调，短线投资者可以先行卖出，随后进行观望。

在下跌行情中出现的均线黏合后向下发散，主要分为首次向下发散和再次向下发散。

◆ 首次向下发散出现在下跌行情的初期，股价在见顶下跌后第一次出现黏合后向下发散的走势，意味着股价正式进入了下跌行情。

◆ 再次向下发散出现在下跌过程中股价进行反弹或横盘后的位置，意味着股价将回到下跌轨道，后市依旧看跌。场内投资者此时的操作还是以卖出为佳，场外投资者则不宜参与。

下面来看一个具体的案例。

实例分析

新莱应材（300260）均线黏合后向下发散的卖点

图 5-23 所示是新莱应材 2020 年 7 月到 2021 年 10 月的 K 线图。

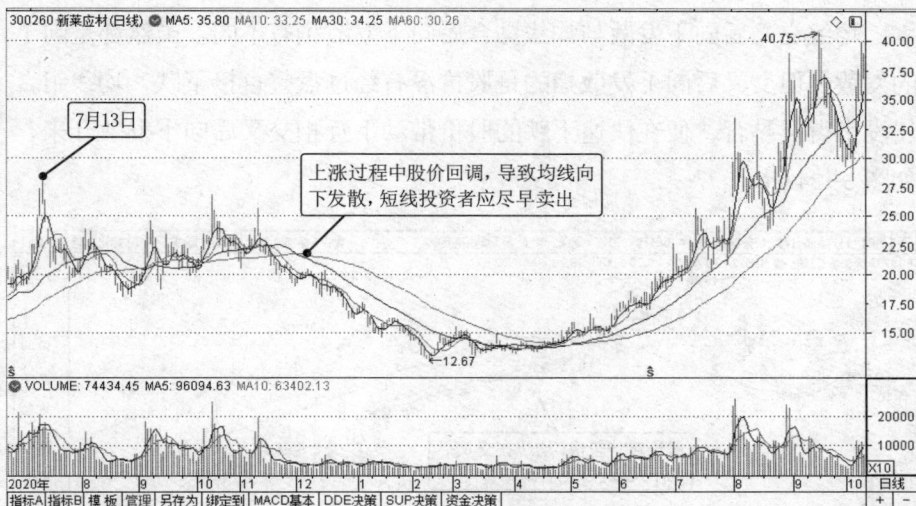

图 5-23　新莱应材 2020 年 7 月到 2021 年 10 月的 K 线图

从 K 线图中可以看到，新莱应材正处于上涨过程中。在 7 月初，股价在成交量的放量支撑下快速上冲，在 7 月 13 日创出 28.30 元的新高后又拐头下跌，在 20.00 元价位线附近受到支撑，进入了相对高位的横盘之中。

在此之后，股价在 20.00 元至 25.00 元进行不断震荡，导致 4 条均线逐渐黏合在一起，让人难以辨别后市走向。直到 11 月中上旬，股价再次上攻后未能突破前期高点，冲高后迅速拐头下跌，接连跌破了 4 条均线运行到下方，跌速较快。

5 日均线和 10 日均线在其带动下最先出现下跌，向下运行后与 30 日均线和 60 日均线拉开了距离。这两条中长期均线紧随其后也开始向下转向，覆盖到股价与短期均线上方，均线组合由黏合转为向下发散，形态成立，发出卖出信号。

从股价的跌速来看，后市即将进入的不是大幅回调就是下跌行情，就算投资者无法准确判断，也需要在发散初期尽快卖出，以避开后续的下跌。

5.3.2　均线交叉后向下发散

均线交叉后向下发散与均线黏合后向下发散稍有不同。虽然都是向下的发散，但交叉后向下发散指的是股价没有经过盘整直接下跌，均线组合还没来得及黏合，便在快速下跌的股价带动下互相交叉后向下发散开来，如图 5-24 所示。

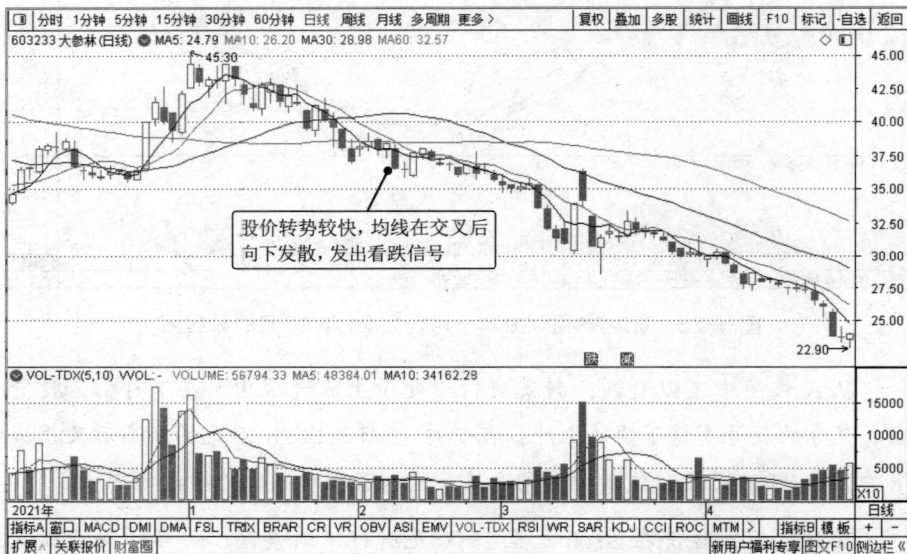

图 5-24　均线交叉后向下发散的形态图

这样的走势意味着股价的下跌更为快速和剧烈，均线发散的角度越大，股价跌速越快，短线投资者依旧需要尽快出局，保住收益。

下面来看一个具体的案例。

实例分析

共达电声（002655）均线交叉后向下发散的卖点

图 5-25 所示是共达电声 2020 年 4 月到 11 月的 K 线图。

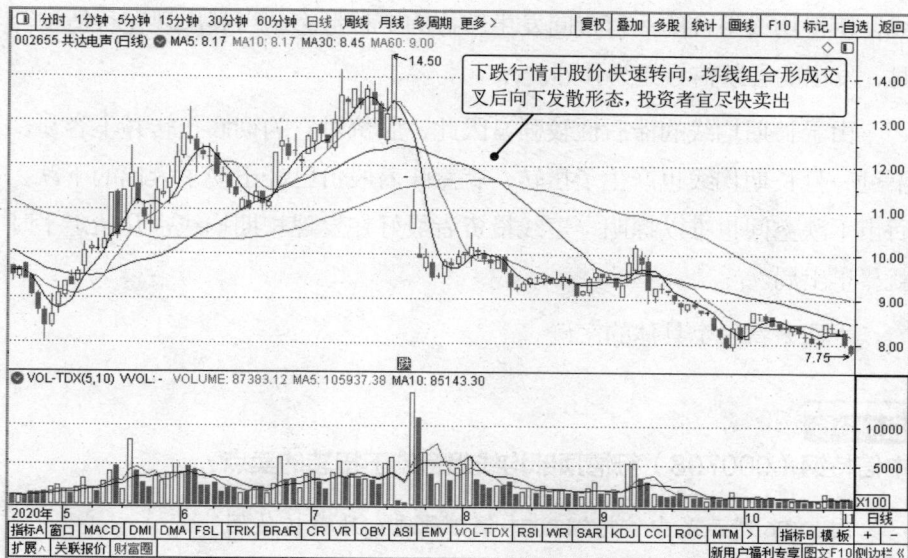

图 5-25　共达电声 2020 年 4 月到 11 月的 K 线图

从 K 线图中可以看到，共达电声正处于下跌行情中的阶段顶部。从均线的状态可以看出，在 5 月之前股价还在下跌，但进入 5 月后股价开始快速反弹，很快来到了 13.00 元价位线附近。

股价在该价位线附近受到压制后拐头回调，跌至 11.00 元价位线附近后再次止跌上攻，大幅收阳上涨至最高的 14.50 元后，突兀地形成了连续的一字跌停。

剧烈的下跌导致 5 日均线和 10 日均线立刻跟随下跌，并接连击穿 30 日均线和 60 日均线。形成多个死叉后，两条中长期均线也完成了向下的转向，构成了均线交叉后向下发散的形态。

形态的出现结合股价极快的跌势，说明股价即将迎来大幅的下跌，投资者需要在形态成立后，甚至在一字跌停开板后就快速卖出，及早止损。

5.3.3　行情顶部均线组合向下扭转

均线的扭转指的是由 K 线扭转短周期均线，短周期均线扭转长周期均线，使得均线组合的运行方向发生转折的一种形态。当其出现在行情顶部时，发出的看跌信号尤为强烈。

由于长期均线的滞后性较强，因此，股价对它的彻底扭转并不容易。不过一旦长期均线也产生了扭转，就意味着股价已经出现了大幅的下跌，后市下跌空间也难以探明，短线投资者最好在发现长期均线也开始走平时就尽早出局。

下面来看一个具体的案例。

实例分析

中信特钢（000708）行情顶部均线组合向下扭转的卖点

图 5-26 所示是中信特钢 2021 年 2 月到 6 月的 K 线图。

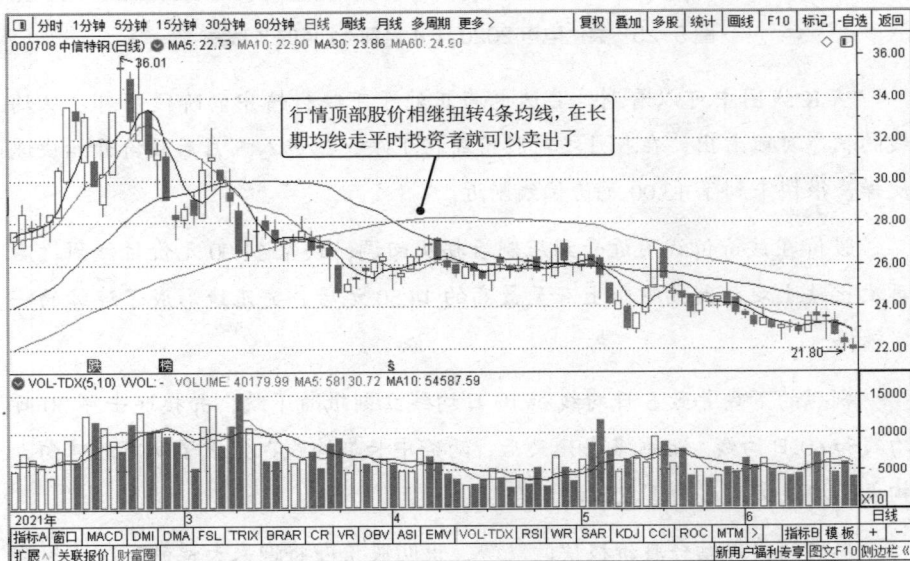

图 5-26　中信特钢 2021 年 2 月到 6 月的 K 线图

从 K 线图中可以看到，中信特钢正处于上涨行情的顶部。在 2 月中下旬之前，股价还在积极上涨，直到在 2 月 18 日这一天创出 36.01 元的新高后，才拐头进入下跌之中。

首先被扭转的就是 5 日均线和 10 日均线，两条短期均线在股价下跌数日后就先后拐头向下。紧接着被扭转的是 30 日均线，下跌的 K 线首先击穿了 30 日均线，接着 5 日和 10 日均线相继跌穿 30 日均线。30 日均线被接连跌破后，也被这股下跌动能扭转到逐渐走平。

3 月中下旬时，股价已经跌至 26.00 元价位线附近，再一次加速收阴下探的过程中，30 日均线终于完成了向下的转向。而在同一时间段内，股价和两条短期均线也跌穿了 60 日均线，导致其出现了走平的迹象。

此时，股价已经跌至 26.00 元价位线附近，并处于横盘状态，相较于顶部的 36.00 元价位线左右，跌幅达到了近 28%。再加上长期均线的走平迹象，后市看跌的信号强度非常大，短线投资者最好在这段横盘阶段卖出，降低损失。

5.3.4 阶段顶部均线组合向下扭转

在阶段顶部出现的向下扭转位置，可以在上涨行情中拉升高位，也可以在下跌行情中反弹高位。不过二者的位置都需要比较高，这样才有足够的下跌动能来扭转长期均线。

若在上涨行情中的拉升顶部，股价下跌幅度不大的话，长期均线也不会被彻底扭转，而是在波动后就再次上扬。因此，阶段顶部形成扭转后，短线投资者前期积累的利润已经足够的情况下，就可以提前在 30 日均线被扭转时出局，以保住已有收益。

下面来看一个具体的案例。

实例分析
国科微（300672）阶段顶部均线组合向下扭转的卖点

图 5-27 所示是国科微 2021 年 6 月到 11 月的 K 线图。

从 K 线图中可以看到，国科微正处于上涨过程中。从 6 月到 7 月，股价都在震荡中上涨，最终于 7 月底接触到了 180.00 元价位线，但在创出新高的当日就形成冲高回落走势，进入横盘滞涨。

8月中上旬，股价横盘一段时间后最终还是向下跌去，将5日均线和10日均线扭转向下后，迅速跌破了30日均线。

30日均线在被跌破后，上扬角度明显变缓，开始逐步走平。此时，短线投资者就应该察觉到即将到来的大幅回调，及时在相对高位卖出，可降低损失。

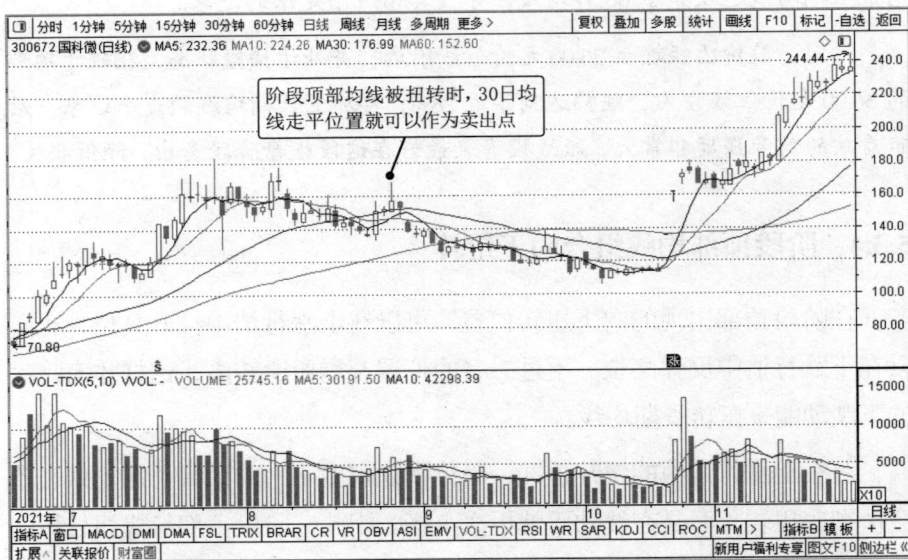

图 5-27 国科微 2021 年 6 月到 11 月的 K 线图

第6章

分析技术指标的卖出形态

　　技术指标是技术分析中极为重要的工具，种类丰富的指标能够从各方面详尽地反映出市场当前的状态，比如整体趋势走向、超买超卖情况等。短线投资者只要对技术指标利用得当，就能够在很大程度上优化卖点，进而扩大收益。

6.1　MACD 指标传递的卖出信号

MACD 指标全称为平滑异同移动平均线，运用范围非常广泛，对把握趋势性行情有很好的应用效果，一直以来享有"指标之王"的美称。

MACD 指标主要由快线 DIF、慢线 DEA、零轴及 MACD 柱状线构成，如图 6-1 所示。其中，零轴具有分辨行情多空状态的作用，当 MACD 柱状线出现在零轴上方，意味着行情处于多头。

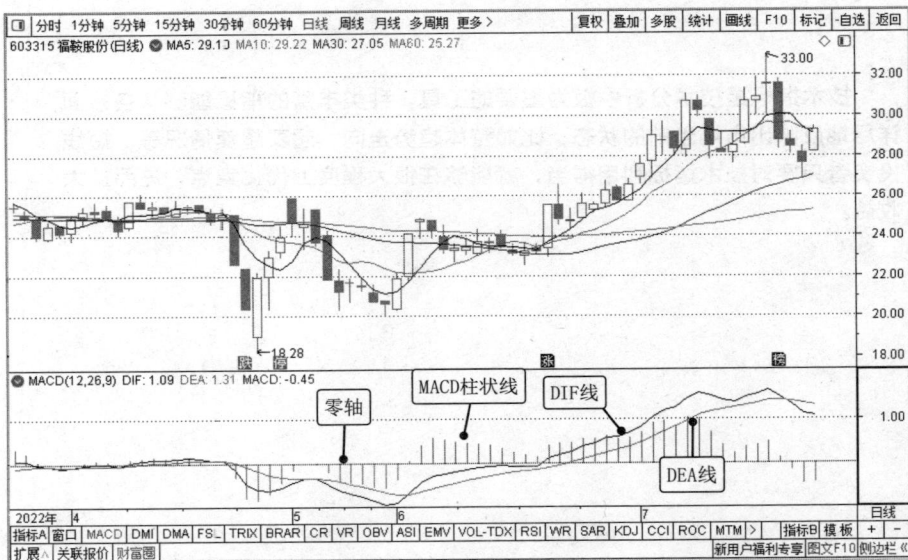

图 6-1　K 线图中的 MACD 指标

DIF 线、DEA 线、零轴及 MACD 柱状线之间的交叉组合、位置关系等构成的多种形态，可以释放出多种信号，可为短线投资者提供决策依据。

6.1.1　DIF 与股价的顶部背离

DIF 与股价的顶背离指的是股价在运行到高位后，高点还在不断上移，但 DIF 的高点却出现了下滑，形成了背离走势，如图 6-2 所示。

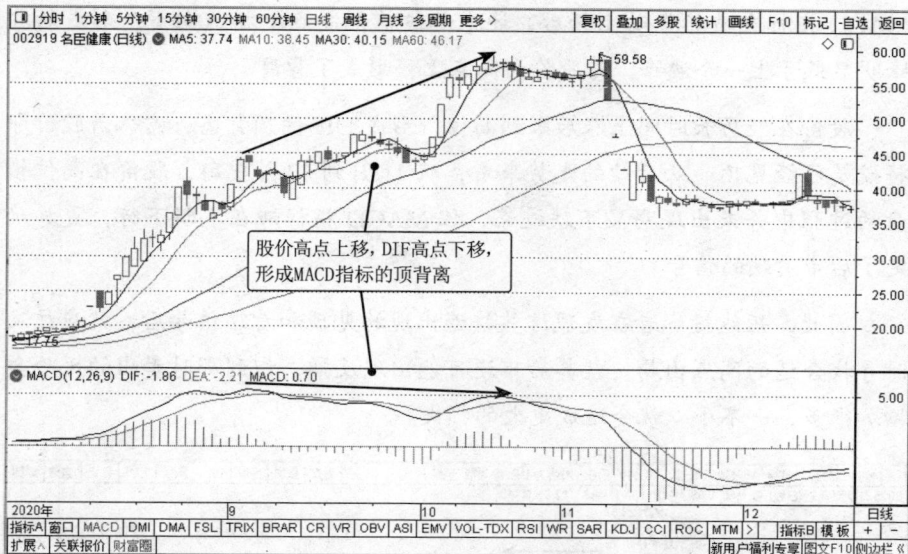

图 6-2 DIF 的顶背离

出现这样的背离，说明市场有了朝着空头转变的意愿，股价的继续上涨无法维持太久。如果此时成交量也出现了缩减或是走平，见顶信号就更加强烈了，因此短线投资者需要在股价下跌之前尽早离场。

下面来看一个具体的案例。

实例分析

天顺风能（002531）DIF 与股价的顶部背离

图 6-3 所示是天顺风能 2021 年 8 月到 2022 年 4 月的 K 线图。

从 K 线图中可以看到，天顺风能正处于上涨行情的顶部。从 8 月到 9 月，股价还在积极快速地上涨，带动 MACD 指标不断向高位运行。直到 9 月中下旬，股价到达 20.00 元价位线附近后受阻回调，DIF 随之拐头向下，形成一个波峰。

10 月中上旬，股价在 16.00 元价位线附近受到支撑后再次上攻，很快便创出新高，最高达到了 23.67 元，但随后就冲高回落，再次进入下跌。

MACD 指标在被其带动上扬后，还未越过前期高点就拐头向下，形成的波峰明显低于上一个波峰，与股价的高点上移形成了背离。

股价在经历长时间上涨后来到高位，形成 DIF 的顶背离，意味着股价即将或是已经见顶。从后续的走势来看，从 11 月到 12 月中旬，股价在高位横盘的过程中并未出现明显下跌迹象，但 MACD 指标却在不断下行，更加确定了后市看跌的信号。

因此，短线投资者在发现这些接连出现的见顶和看跌信号后，就应该及时寻找合适的高点出局。就算后市还可能出现反弹，但到那时卖出的风险会增加很多，一不小心就会造成更大的损失。

图 6-3　天顺风能 2021 年 8 月到 2022 年 4 月的 K 线图

6.1.2　股价上涨时 DIF 提前下跌

股价上涨时 DIF 提前下跌指的是股价在上涨过程中还未见顶时，DIF 就提前出现了下跌，先于股价到达波峰，进而形成背离的走势，如图 6-4 所示。

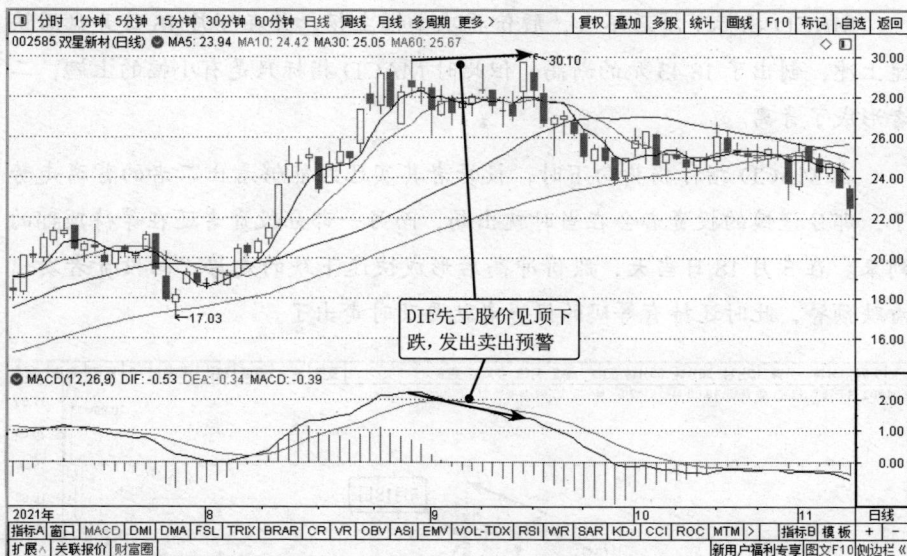

图 6-4　DIF 先于股价下跌

　　这样的背离大多出现在阶段顶部，传递的是股价即将到达顶部，后续会进入下跌的信号。短线投资者在发现 DIF 先于股价下跌时，最好提前出局，或是在股价出现下跌迹象时立刻卖出，从而保住已有收益。

　　下面来看一个具体的案例。

实例分析

海天精工（601882）DIF 先于股价下跌

　　图 6-5 所示是海天精工 2021 年 3 月到 7 月的 K 线图。

　　从 K 线图中可以看到，海天精工正处于上涨行情中。从 3 月到 4 月中上旬，股价经历了一次拉升后的回调，但 MACD 指标还是在零轴上方运行。直到 4 月中旬，股价再次快速上冲，很快便来到了 17.00 元价位线附近。

　　股价在接触到该价位线后小幅越过，但在 17.50 元处受到压制滞涨，进入横盘整理。MACD 指标上行的速度也大大减缓，之后伴随着股价的一次小幅回落，DIF 开始拐头向下运行，提前于股价形成了峰顶。

MACD 指标下滑后不久，股价再次小幅上扬，并在 5 月 18 日开盘后快速上冲，创出了 18.43 元的新高。但此时 MACD 指标只是有小幅的上翘，二者形成了背离。

在 MACD 指标拐头向下时，投资者其实已经能够看出二者的背离走势了，部分谨慎的投资者会在当时就出局，而另一部分投资者还在等待顶部的到来。在 5 月 18 日当天，股价冲高后形成快速下跌的走势，向投资者发出看跌预警，此时还持有筹码的投资者就要及时卖出了。

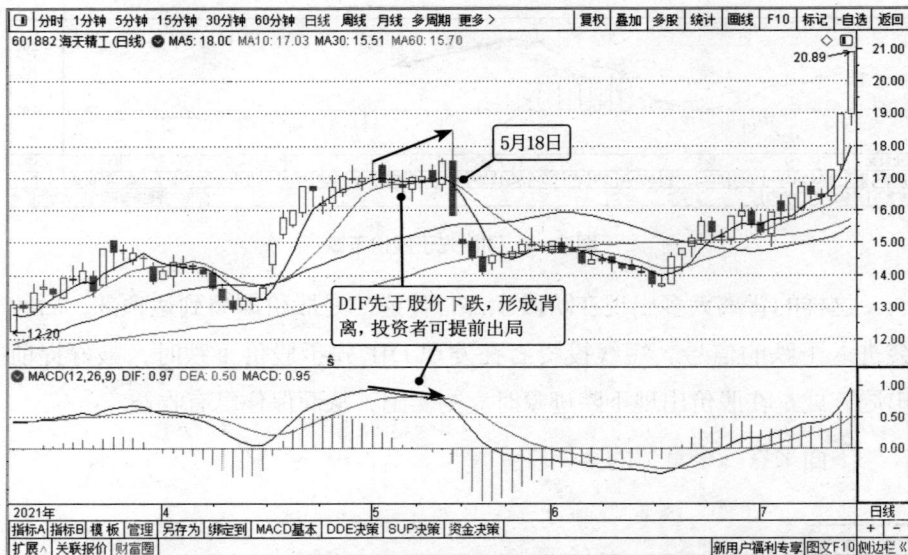

图 6-5　海天精工 2021 年 3 月到 7 月的 K 线图

6.1.3　柱状线先于股价见顶

柱状线先于股价见顶指的是股价在不断上涨的过程中出现滞涨或是上涨动力不足的情况，导致 MACD 指标首先做出反应，柱状线开始下滑，与依旧上涨的股价形成了背离，如图 6-6 所示。

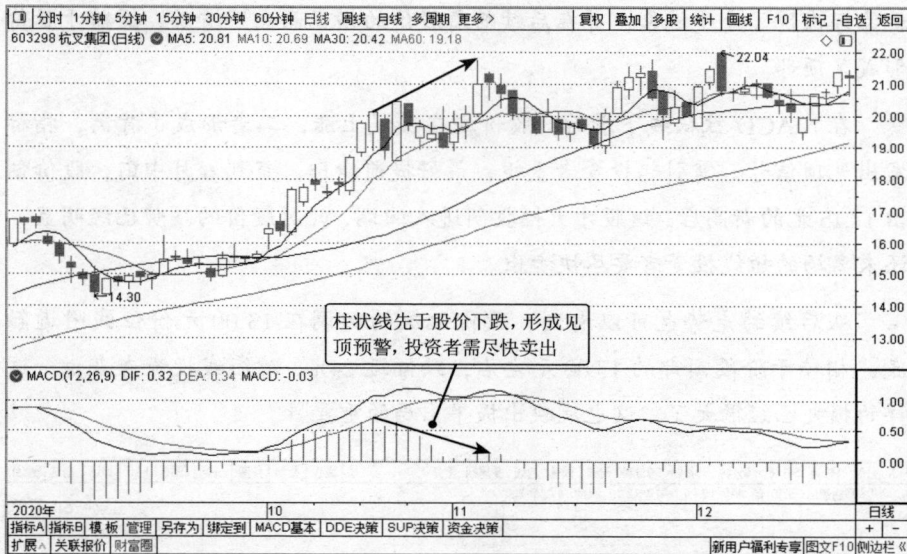

图 6-6　柱状线先于股价下跌

　　柱状线首先出现下滑，意味着市场开始朝着空头靠拢，股价虽然还在上涨，但上涨动能并不充足，后续即将见顶。短线投资者在发现柱状线的异常后，就要及时卖出，具体策略与 DIF 先于股价下跌比较类似。

　　下面来看一个具体的案例。

实例分析

鞍重股份（002667）MACD 柱状线先于股价下跌

　　图 6-7 所示是鞍重股份 2021 年 5 月到 8 月的 K 线图。

　　从 K 线图中可以看到，鞍重股份正处于上涨过程中。5 月中上旬，股价从上一次回调中恢复过来，开始缓慢上涨直到进入快速的拉升，MACD 指标跟随上行到高位，柱状线在零轴上方拉长。

　　6 月初，股价上涨至 16.00 元价位线附近，受到压制后涨速明显减缓，并围绕该价位线开始横盘运行。

　　观察 MACD 指标可以发现，柱状线在股价上涨到接近 16.00 元的位置时，就已经出现了走平迹象，并在后续随着股价的横盘而向下滑落，提前于股价形成了顶部。

在 MACD 柱状线下滑后，股价还在缓慢上涨，二者形成了背离，指标发出见顶信号，需引起投资者重视，最好提前卖出。直到 6 月中旬，股价创出 17.15 元的新高后，该股才大幅收阴进入回调，此时股价的跌势已经明显，还未离场的短线投资者要尽快卖出。

从后续的走势也可以看到，股价此次的回调在 13.00 元价位线附近触底，相较于阶段顶部的 17.00 元左右，跌幅近 24%。对短线投资者来说，这样的损失已经很大了，这也反映出提早出局的重要性。

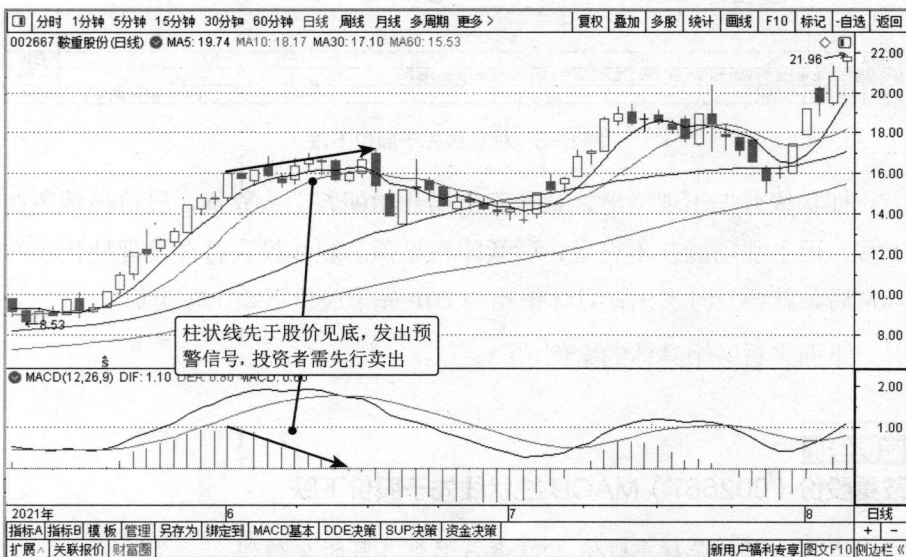

图 6-7　鞍重股份 2021 年 5 月到 8 月的 K 线图

6.1.4　DIF 与 DEA 的高位死叉

DIF 与 DEA 的高位死叉指的是股价不断上涨，带动 MACD 指标运行到了高位，但在某一时刻股价拐头下跌，导致指标的两条线形成了向下的死叉，如图 6-8 所示。

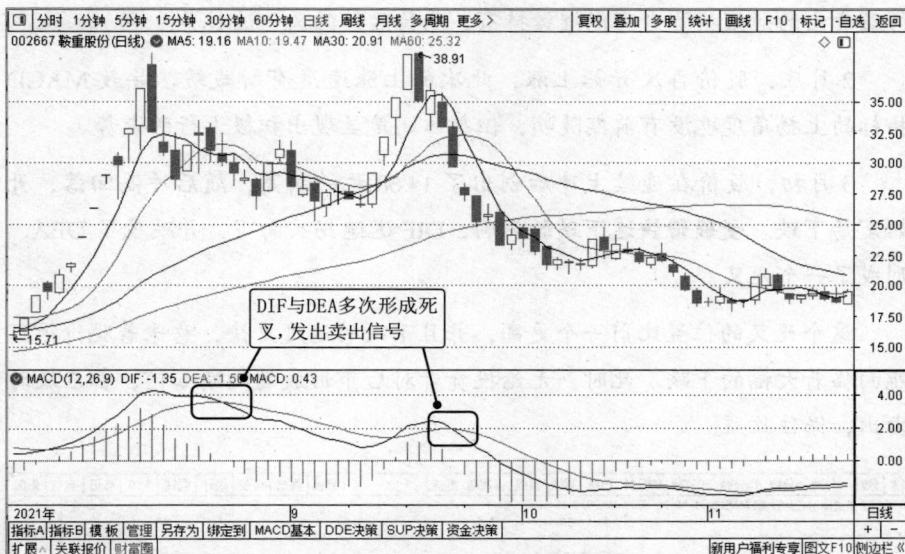

图 6-8　DIF 与 DEA 的高位死叉

MACD 指标的高位死叉与均线的死叉含义类似，都意味着后市的下跌走势，常出现在阶段顶部或是行情顶部。拐头速度越快的死叉，发出的预警信号越强烈，投资者离场的速度也要更快。

下面来看一个具体的案例。

实例分析

泰达股份（000652）DIF 与 DEA 的高位死叉

图 6-9 所示是泰达股份 2020 年 1 月到 5 月的 K 线图。

从 K 线图中可以看到，泰达股份正处于上涨行情的顶部。从 1 月底到 2 月初，股价形成了连续涨停的积极走势，剧烈的涨速很快将股价带到了 10.00 元价位线附近，MACD 指标也在快速攀升。

2 月中上旬一字涨停开板后，股价就出现了震荡下跌，说明盘中抛压较强，大量卖盘在积极出货。MACD 指标中的 DIF 快速拐头向下，数日后跌穿了 DEA，形成了一个死叉。

但这个死叉形成得比较平缓，并且形成后股价很快就见底回升了。没来得及卖出的短线投资者可以继续持有，等待后续的又一波拉升。

2月底，股价再次开始上涨，此次的上涨速度有所减缓，导致MACD指标的上扬角度也没有前期陡峭，但整体还是呈现出积极上行的走势。

3月初，股价在连续上冲后创出了14.68元的新高，随后冲高回落，开始震荡下跌。受股价快速下跌的影响，DIF迅速拐头向下，并跌破了DEA，形成了一个死叉。

这个死叉的位置比前一个更高，并且下跌的速度更快，意味着股价很可能面临着大幅的下跌。此时，无论投资者对后市形成的判断如何，都应及时卖出，保住收益。

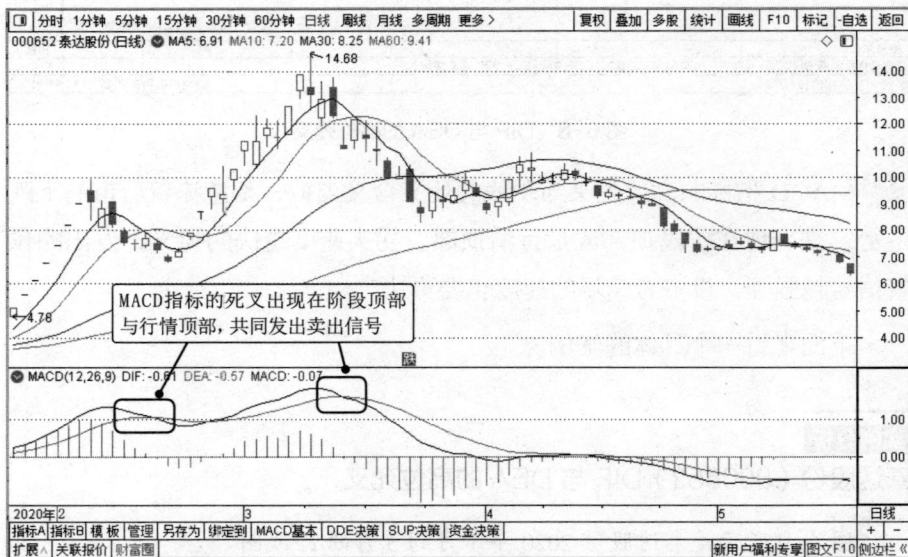

图 6-9 泰达股份 2020 年 1 月到 5 月的 K 线图

6.2 KDJ 指标代表着何时离场

KDJ 指标又被称为随机指标，主要用于分析市场内的超买超卖情况，因其敏感度较高，能够很好地指导投资者进行短线的高抛低吸操作。

　　KDJ 指标主要由三条线构成，分别是 K 线、D 线和 J 线。其中 K 线和 D 线的波动范围在 0 ～ 100，J 线可以超出这个范围，如图 6-10 所示。

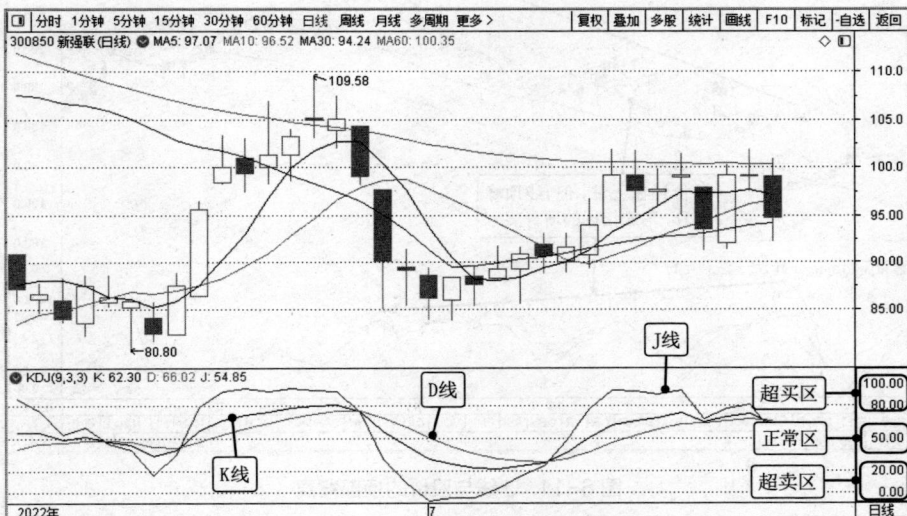

图 6-10　K 线图中的 KDJ 指标

　　指标线的波动范围分为了超买区、正常区域及超卖区。其中，80 线是超买区的分界线，80 线以上的区域就是超买区；20 线则是超卖区的分界线，20 线以下的是超卖区；20 ～ 80 的区域内，就是正常区域了。

　　超卖区意味着市场卖盘占据更大优势，股价处于超跌状态，后市有回升的机会；超买区则说明场内多方占优，股价处于过度上涨状态，后续可能冲高回落。

　　借助三条指标线与这三个区域的位置关系，以及互相的交叉分离状态，投资者就能够对后市的走向有一定的判断，进而决策合适的卖点。

6.2.1　J 线与股价的顶部背离

　　J 线与股价的顶部背离指的是在行情的高位，股价高位还在不断上移，但 J 线的峰顶却在下滑，呈现出方向相反的背离，如图 6-11 所示。

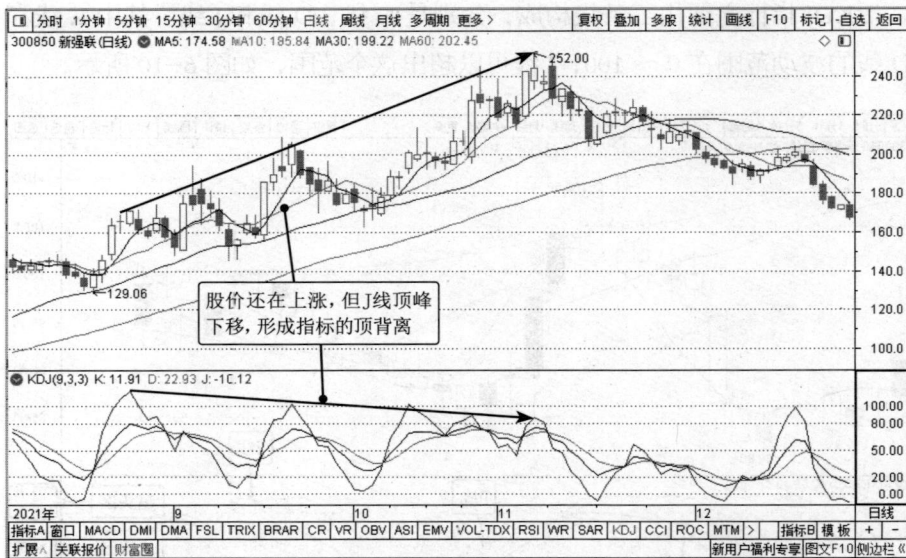

图 6-11　J 线与股价的顶部背离

KDJ 指标与股价的顶背离，和 MACD 指标的顶背离比较类似，都是股价即将见顶的预警。那么，短线投资者的操作策略自然也相同，即发现后就尽快卖出，将收益落袋为安。

下面来看一个具体的案例。

实例分析

建设机械（600984）J 线与股价的顶部背离

图 6-12 所示是建设机械 2020 年 6 月到 9 月的 K 线图。

从 K 线图中可以看到，建设机械正处于上涨的顶部。在 7 月初期间，股价还在进行一次拉升后的回调，直到跌至 20.00 元价位线附近后才受到支撑止跌，随后开始震荡回升。

原本受股价回调影响进而下跌的 KDJ 指标，在股价回升的带动下又很快拐头向上，迅速朝着超买区运行。与此同时，股价的涨速愈发快，终于在

7 月中下旬时来到了 26.00 元价位线上方，随后稍做休整。KDJ 指标此时也冲到了超买区以上，J 线甚至越过了 100 线，表现出场内积极的追涨力道。

在后续股价滞涨，并小幅收阴下跌时，部分投资者开始出货，增长的抛压导致指标线有所下滑。不过此次回调的力度不大，股价很快又回到了上涨轨道，KDJ 指标在小幅跌破 80 线后很快随之回升。

股价继续上涨数日后，再次在 30.00 元的价位线位置受阻，进入横盘之中。与此同时，KDJ 指标也出现了上涨后回落的走势，但峰顶相较于前一次有了明显的下移，与创出新高的股价形成了顶部背离。

此时，机警的投资者应该已经发现了端倪，J 线的下移意味着多方推力不足，股价随时可能见顶，及早卖出是很好的选择。

继续来看后面的走势。股价在横盘数日后继续上攻，最终创出了 31.96 元的新高，随后拐头下跌。KDJ 指标的峰顶则出现了进一步的下移，与股价的顶背离更为明显，发出的卖出信号非常强烈，还留在场内的投资者最好尽早撤离。

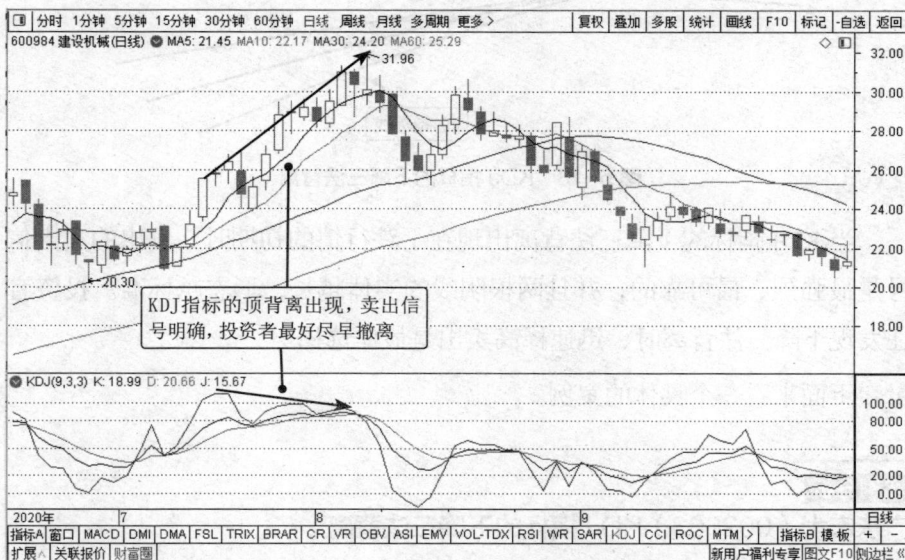

图 6-12　建设机械 2020 年 6 月到 9 月的 K 线图

6.2.2 阶段高位的下降三法背离

KDJ 指标的下降三法背离是一种指标线与 K 线结合的特殊形态，具体指的是股价在下跌过程中拉出一根中阴线或大阴线后，紧接着出现几根较小的短期趋势向上的 K 线（可阴可阳），几个交易日后，股价再收出一根中阴线或大阴线，恢复了下跌。

而 KDJ 指标中的 K 线和 D 线全程却是呈同步向下运行的趋势，与上升的股价形成背离，传递出卖出信号，如图 6-13 所示。

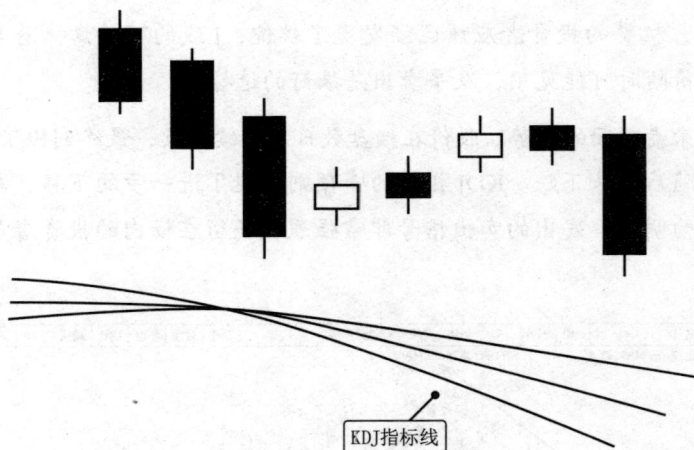

KDJ指标线

图 6-13 KDJ 指标的下降三法背离

当 KDJ 指标的下降三法背离出现在下跌行情的初期时，发出的卖出信号是最强烈、最可靠的，并且两根阴线的实体越长，形态越标准。投资者在发现下降三法背离时，迅速择高卖出是最佳选择。

下面来看一个具体的案例。

实例分析
广东宏大（002683）KDJ 指标的下降三法背离

图 6-14 所示是广东宏大 2020 年 7 月到 9 月的 K 线图。

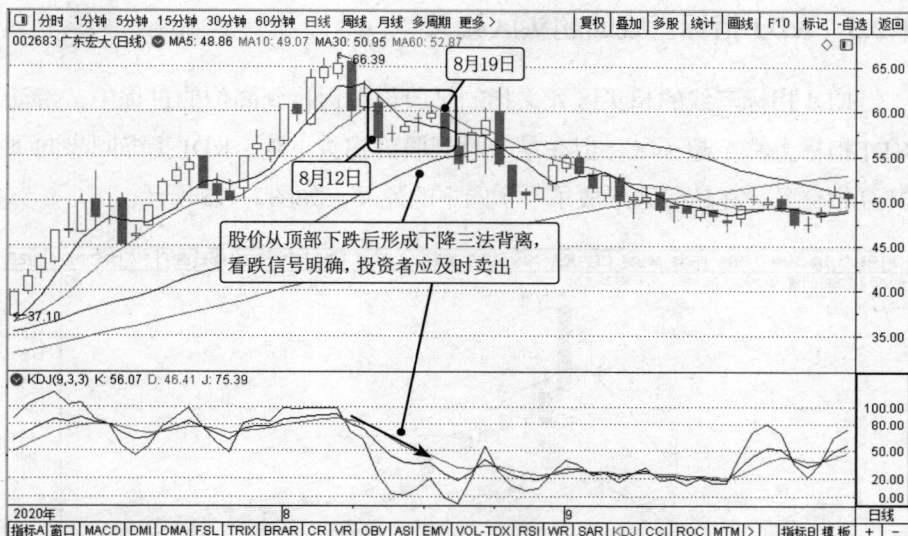

图 6-14　广东宏大 2020 年 7 月到 9 月的 K 线图

从 K 线图中可以看到，广东宏大正处于上涨行情的顶部。在 7 月期间，股价还维持着积极的上涨走势。直到进入 8 月后，股价上冲创出 66.39 元的新高，随后冲高回落，在次日就出现了大幅收阴，KDJ 的指标线也在后续跟随下滑。

8 月 12 日，股价在开盘后小幅冲高，但数分钟后就迅速回落，整体呈现低开低走的状态，临近尾盘时小幅回升，最终以 8.12% 的跌幅收出一根大阴线。KDJ 指标形成死叉后滑落到 80 线以下，开始持续下滑。

次日，股价小幅回升，以 0.9% 的涨幅收出一根小阴线。在后续的几个交易日内，股价连续形成上扬的小 K 线，上涨走势比较明显。而 KDJ 指标此时还保持着下跌，与上扬的小 K 线形成了背离，此时下降三法的雏形已经出现，投资者需要警惕起来。

8 月 19 日，股价再次低开低走，最终以 6.42% 的跌幅收出一根大阴线，与前期的大阴线和小 K 线共同构成了下降三法背离形态，发出明确的看跌信号。此时，机警的投资者就要果断卖出，尽量将损失控制在可接受的范围内。

6.2.3 KDJ 指标三线的超买区死叉

KDJ 指标三线的超买区死叉指的是股价在运行到高位的过程中，带动 KDJ 指标上涨至超买区，但在某一时刻股价拐头下跌，KDJ 指标同步向下并互相交叉，在超买区形成了一个向下的死叉，如图 6-15 所示。

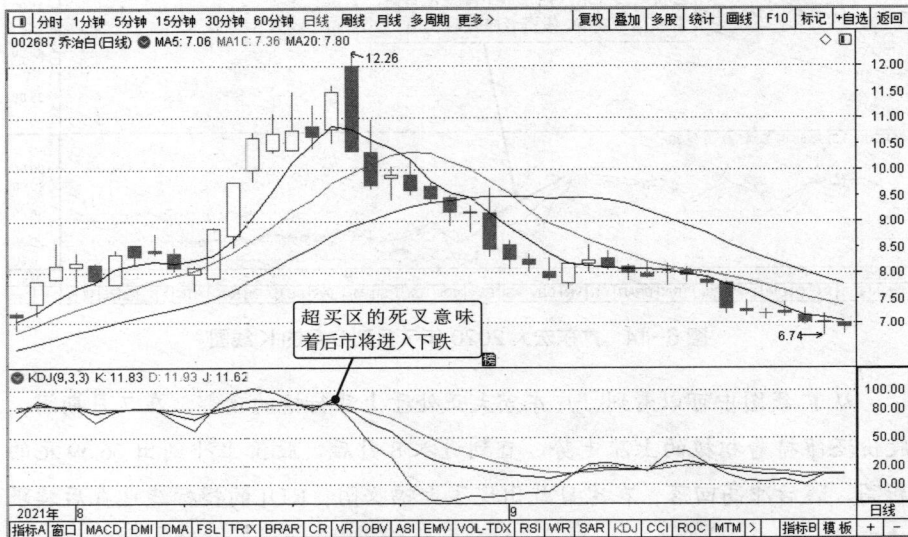

图 6-15 KDJ 指标三线的超买区死叉

在超买区形成的死叉，下跌的角度越急促，意味着股价的变动越剧烈，其跌速可能非常快。对于短线投资者来说，这样的死叉就是强烈的卖出预警，果断在死叉形成后撤离，是比较好的选择。

下面来看一个具体的案例。

实例分析

远大智能（002689）KDJ 指标的超买区死叉

图 6-16 所示是远大智能 2020 年 2 月到 4 月的 K 线图。

从 K 线图中可以看到，远大智能正处于阶段的顶部。在 2 月期间，股价还在缓慢上涨，并于 2 月底小幅回调，最低达到 3.04 元后开始回升，后续的交易日内大部分时间都在收阳上涨。

连续涨停的急速上涨，导致市场追涨气氛非常热烈，KDJ 指标迅速被拉升到超买区内，其中的 J 线甚至上涨越过了 100 线。3 月 11 日，股价低开后迅速上涨，盘中在经历震荡后最终涨停，继续收出一根大阳线。

但在次日，股价直接以跌停开盘，小幅上冲后拐头下跌，最终封到跌停上，当日收出一根带长上影线的倒 T 形 K 线，代表上方抛压巨大。此时的 KDJ 指标三线快速转向，已经朝下形成了收敛，但死叉还未出现，未能在早盘开板时出局的投资者，只能等待下一个交易日的到来。

3 月 13 日，股价依旧以跌停开盘，直到早盘过半后才开板交易。此时无论 KDJ 指标的死叉是否已经形成，投资者都要趁机快速卖出，因为股价反复在跌停板附近震荡，随时有重新封板的可能，投资者需要及时止损。

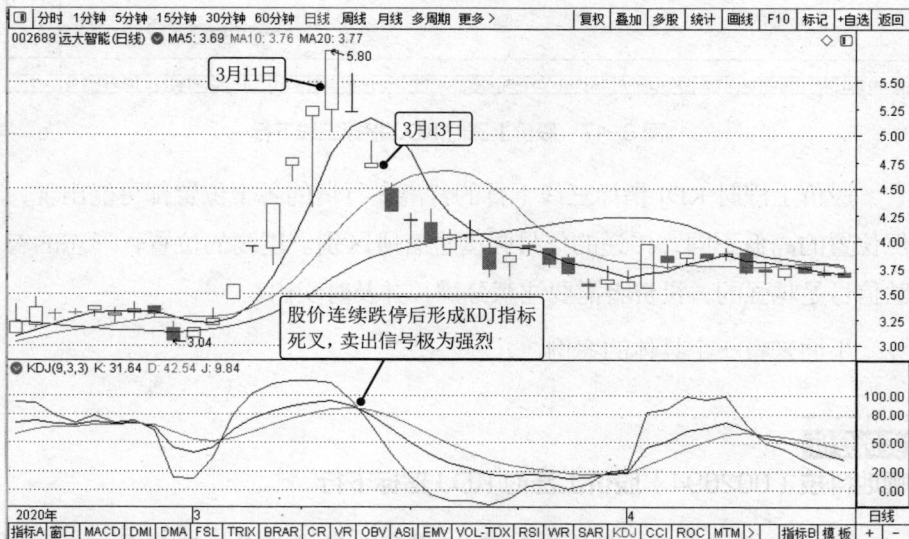

图 6-16　远大智能 2020 年 2 月到 4 月的 K 线图

6.2.4　股价上涨时 KDJ 指标三线下行

股价上涨时 KDJ 指标三线下行也是一种背离，其技术形态很好理解，就是股价在上涨的过程中，KDJ 指标延续了上一次下跌造成的下滑，或是提前于股价见顶下跌，由此形成的背离，如图 6-17 所示。

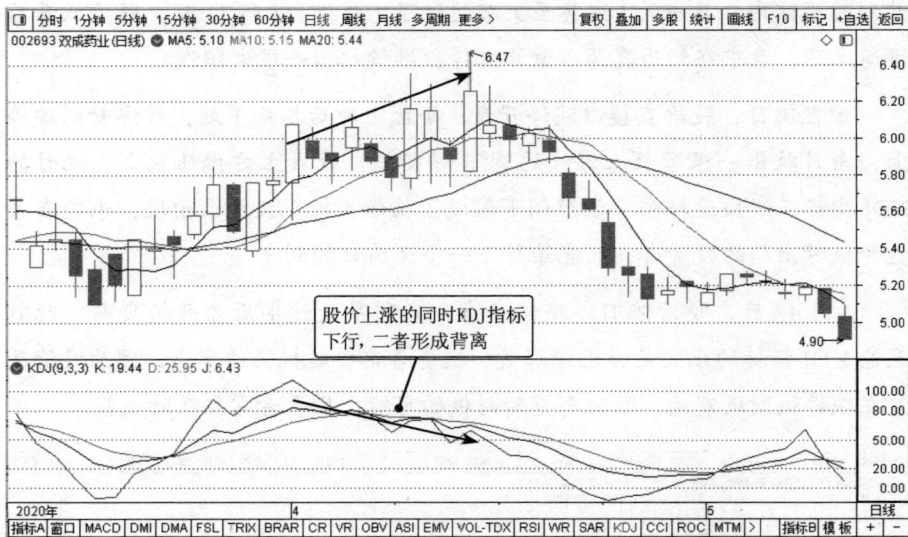

图 6-17　股价上涨时 KDJ 指标三线下行

股价上涨时 KDJ 指标三线下行的背离在行情的各个位置都可能出现，但位置的高低不同，传递的信号强度也有所区别。越高的位置，形态的看跌信号是越强的，投资者需要注意分辨，并及时卖出。

下面来看一个具体的案例。

实例分析

顾地科技（002694）股价上涨时 KDJ 指标下行

图 6-18 所示是顾地科技 2021 年 12 月到 2022 年 3 月的 K 线图。

从 K 线图中可以看到，顾地科技正处于股价的高位。在 2021 年 12 月期间，股价还在相对低位进行盘整。直到 12 月底时，股价突兀地收出一根涨停的大阳线，并在后续接连涨停，直至收出连续的一字涨停线，迅速将股价带到了 6.50 元价位线附近。

此时观察 KDJ 指标就可以发现，虽然 K 线和 D 线在股价连续涨停时一直处于上扬状态，但 J 线却在半途中就形成见顶下跌走势，与股价形成了初步的背离。

机警的短线投资者观察到 J 线的异常后，可在股价开板后就迅速卖出，因为随着股价开板后的收阴下跌，J 线的下跌走势更明显了。

在后续的交易日内，该股继续收阳上冲，很快到达了最高的 7.35 元，但在次日就出现了大幅的收阴下跌，跌幅有 9.22%。观察上涨期间的 KDJ 指标能发现，J 线、K 线与 D 线出现了走平，J 线相较于前期依旧处于下跌，背离形态明显，并且 K 线在收阴后，三条指标线就形成了向下的死叉。

连续出现的 KDJ 指标看跌信号，发出了重复的预警，即股价见顶，后市将进入快速的下跌中。短线投资者在确定跌势后，就要在股价产生大幅下跌之前卖出。

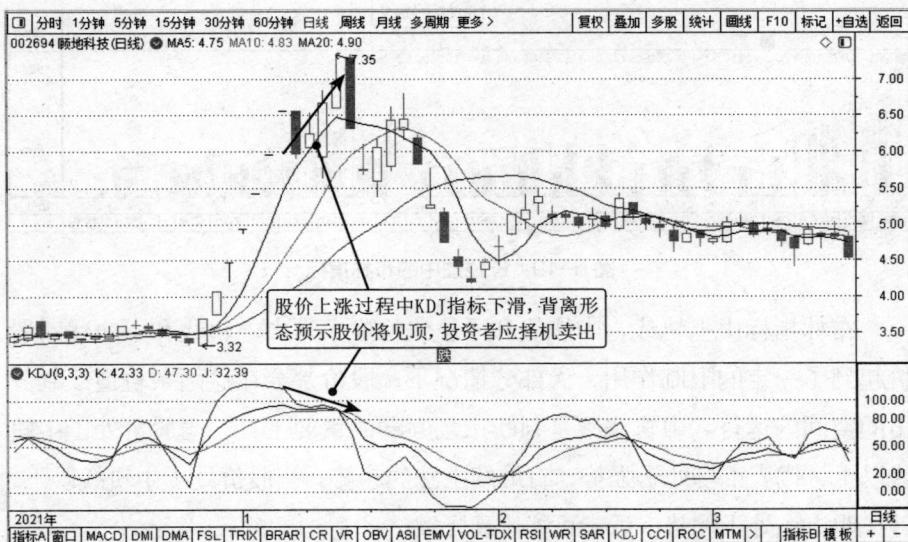

图 6-18　顾地科技 2021 年 12 月到 2022 年 3 月的 K 线图

6.3　布林指标预示的出货位置

布林指标也叫布林通道、布林线、布林带或股价通道线，是一种用于研判市场运动趋势、定位买卖位置的常用技术分析工具。

布林指标可以叠加在主图上使用，也可以单独显示在 K 线图下方的指标窗口中。不过将其叠加在 K 线上使用是最常用的，这会使投资者对指标的应用更加便捷，如图 6-19 所示。

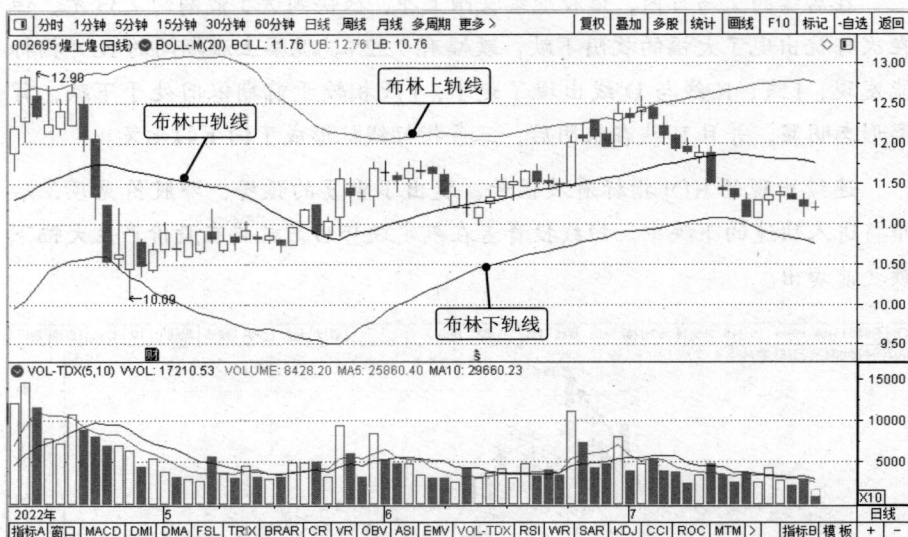

图 6-19　K 线图中的布林指标

布林指标由上轨线、中轨线和下轨线构成。其中上轨线和下轨线对股价起到了一定的限制作用，大部分情况下，股价都会在这两条轨道线划分出的空间内运行。中轨线则是判断市场强弱的重要工具，当股价处于中轨线以上，代表市场处于强势，有继续上涨的趋势；当股价处于中轨线以下，就说明市场处于弱势，后市可能出现下跌。

借助这三条轨道线的帮助，投资者就能够对股价的当前状态与未来走势有一定的判断，进而选择合适的卖点。

6.3.1　布林通道开口后股价下跌

首先来介绍什么是布林通道的开口，布林指标的开口指的是布林通道从收缩转为扩张的过程，整个形态犹如一个张开的喇叭。布林通道的开口意味着股价出现了剧烈的变动，这种变动可上可下，主要依靠中轨线来进一步判断。

如果股价向下变盘，前期又在中轨线上方运行，那么向下跌破中轨线的位置，就是短线投资者绝佳的卖出时机，如图 6-20 所示。

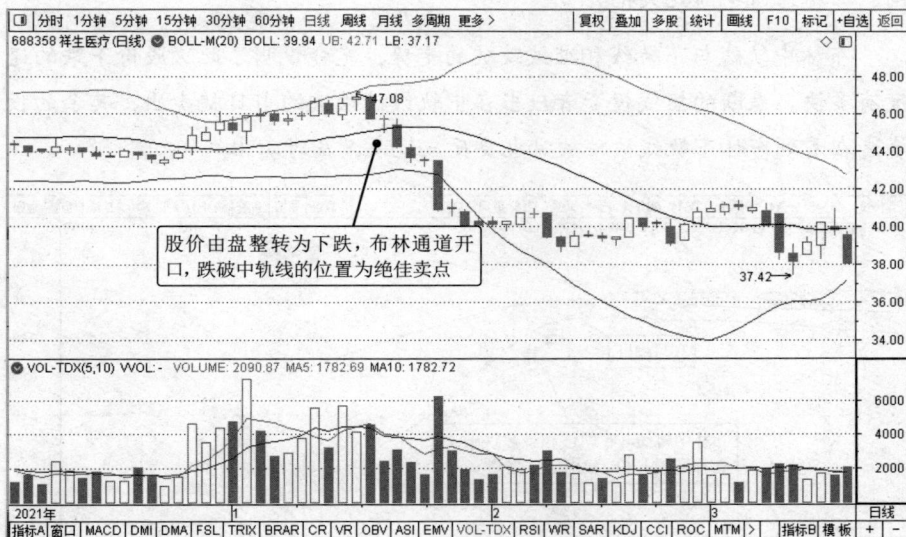

图 6-20　布林通道开口后股价下跌

如果股价前期长时间在中轨线下方运行，那么股价下跌远离中轨线，布林通道开口时，也是比较好的卖出时机。

下面来看一个具体的案例。

实例分析

皇庭国际（000056）布林通道开口后股价下跌

图 6-21 所示是皇庭国际 2018 年 9 月到 11 月的 K 线图。

从 K 线图中可以看到，皇庭国际正处于一次快速下跌的过程中。在 9 月期间，股价还在布林中轨线上方缓慢上涨，中轨线的支撑力非常稳定。

直到进入 10 月后，股价很快创出 12.43 元的新高，随后数日涨幅越来越小。直至 10 月 12 日，股价低开后震荡低走，进入尾盘后出现了跳水式的下跌，最终以跌停收盘，形成一根大阴线，跌破了布林中轨线。

在后续的数个交易日内，股价跌速非常快，不是以跌停收盘，就是在盘中反复在跌停板附近震荡。极快的跌速导致股价直接跌出了布林通道的范围，布林通道也随之大幅开口。

布林中轨线与下轨线相继被跌破的走势，充分说明了此次股价下跌的速度有多快。果断的短线投资者应当在中轨线被跌破的当日就卖出，其余的投资者在看到布林下轨线被跌破时也要反应过来，及时卖出。

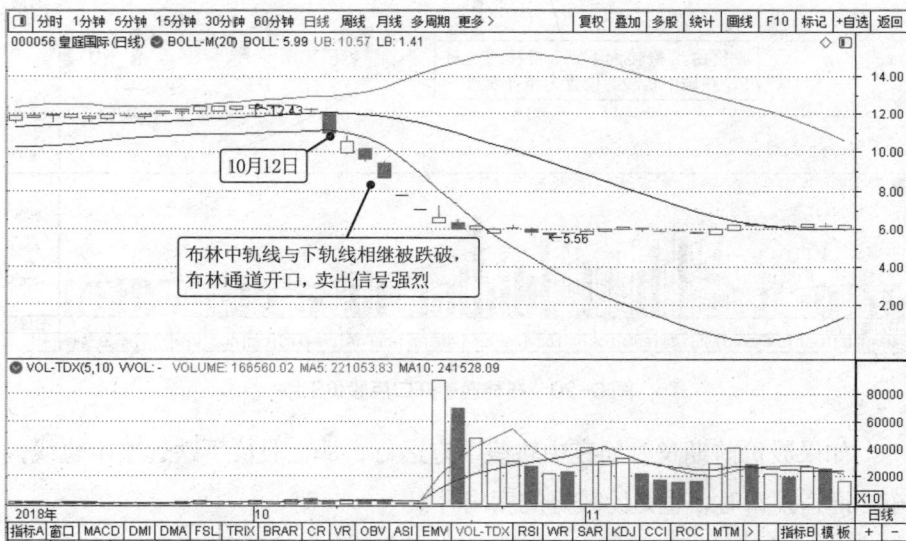

图 6-21　皇庭国际 2018 年 9 月到 11 月的 K 线图

6.3.2　下跌行情中布林通道收口

布林通道的收口与开口相对应，指的是布林通道由扩张转为收缩的过程，意味着股价即将从单边的上涨或下跌状态进入盘整。

在下跌行情中出现的布林通道收口，意味着股价跌势暂缓，开始进行横盘整理，后市依旧是看跌的行情，如图 6-22 所示。

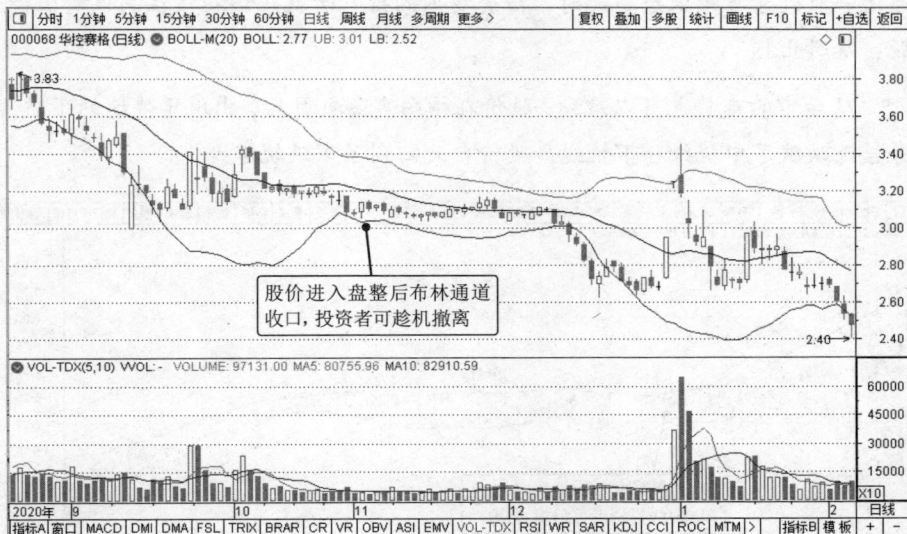

图 6-22　布林通道收口后股价下跌

在此阶段内，被套的短线投资者或是误入其中的投资者就有了逃离的空间，尽早在股价横盘期间择高出货是比较明智的选择。

下面来看一个具体的案例。

实例分析

TCL 科技（000100）布林通道收口后股价下跌

图 6-23 所示是 TCL 科技 2021 年 9 月到 2022 年 3 月的 K 线图。

从 K 线图中可以看到，TCL 科技正处于下跌行情中。从 2021 年 9 月到 10 月，股价还在震荡下跌，长时间运行在布林中轨线以下，布林通道处于扩张状态。

直到 10 月底，股价在 6.00 元价位线附近受到支撑后小幅回升，在震荡一段时间后成功突破了中轨线的压制，运行到其上方。但在此之后，股价再没有更大幅度的上涨，而是在贴近中轨线附近横盘，波动幅度的缩小也导致布林通道出现了收口。

在后续的走势中，股价在中轨线附近呈现出横向震荡的走势，使得布林通道一直处于紧缩状态。此时，被套场内的投资者就应该积极在高位卖出持股，及时止损。

从后市的走势也可以看到，股价在横向震荡数月后，出现了快速的下跌，并接连跌破了中轨线和下轨线，股价自此回到了下跌轨道。

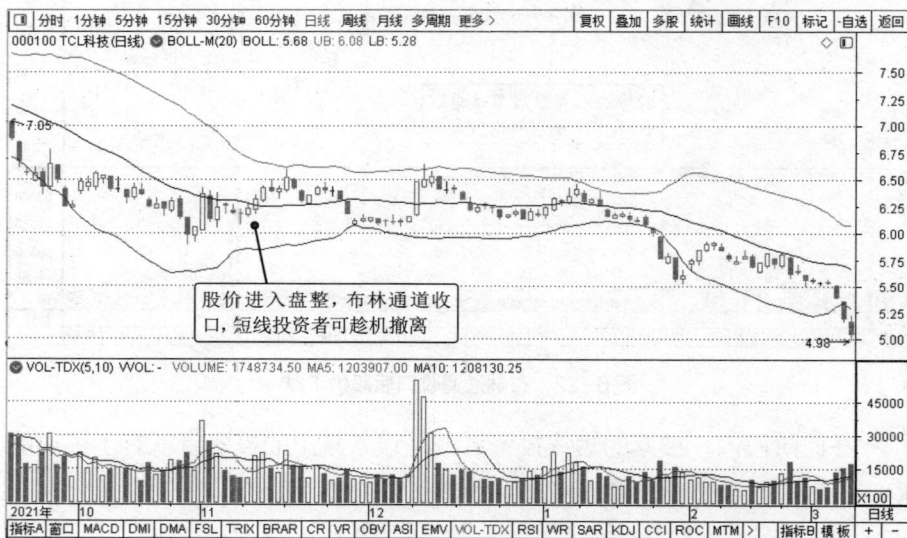

图 6-23　TCL 科技 2021 年 9 月到 2022 年 3 月的 K 线图

6.3.3　股价小幅突破布林上轨线

股价小幅突破布林上轨线是由于股价短时间内涨速过快，或者是涨幅过大，导致 K 线越过了布林上轨线，超出了布林通道范围的走势，如图 6-24 所示。

一般来说，无论股价从何种方向突破上轨线或下轨线，进而超出布林通道的范围，其超出的幅度都不会太大，并且超出的时间也不会太长，后续很快会回到布林通道内。

当股价结束一波快速的拉升后回到布林通道内时，大概率会面临获利盘的大量抛售导致的抛压骤增，进而形成回调下跌的走势。

　　因此，短线投资者在发现股价突破布林上轨线后，要对其保持高度关注，一旦股价有回落的趋势，就要及时出局，将收益兑现。

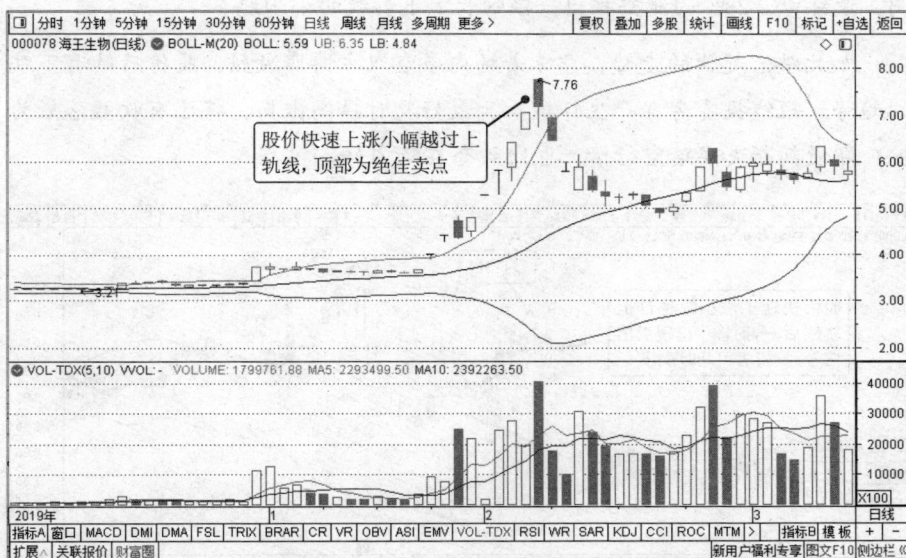

图 6-24　股价小幅突破布林上轨线

　　下面来看一个具体的案例。

实例分析

深圳机场（000089）股价小幅突破布林上轨线

　　图 6-25 所示是深圳机场 2020 年 5 月到 9 月的 K 线图。

　　从 K 线图中可以看到，深圳机场正处于一段上涨之中。从 5 月到 6 月，股价还在相对低位横向盘整，直到进入 7 月后不久，成交量大幅放量，支撑股价快速上涨。

　　强劲的推动力使得股价直接拉出了一根涨停大阳线，向上突破了布林上轨线。在后续的数个交易日中，股价不断上涨，K 线几乎都踩在布林上轨线上，整体在其上方运行，呈小幅突破状态。

不过股价的突破并未持续太长时间，7月13日，股价高开后急速冲高，但在几分钟后又拐头下跌，形成冲高回落走势。

在后续的交易时间内，股价运行到低位后震荡回升，临近尾盘时迅速冲高，最终以2.28%的涨幅收出一根带长上下影线的小阳线。

如此跌宕起伏的走势，意味着场内多空双方博弈激烈，股价后续有下跌的趋势。短线投资者在产生怀疑后，最好及时择高出局，将已有收益落袋为安，即便判断失误踏空行情，也比被套在场内好。

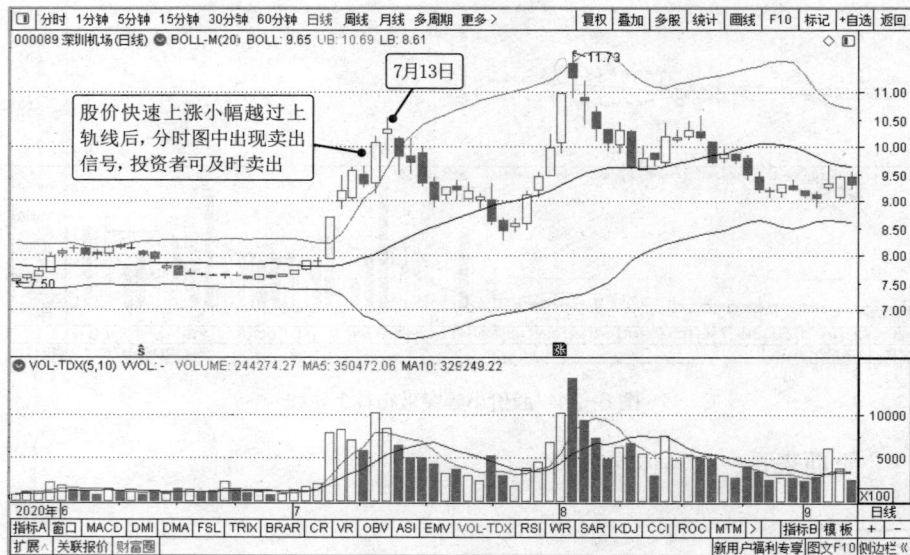

图6-25 深圳机场2020年5月到9月的K线图

6.3.4 股价受到布林中轨线压制

股价受到布林中轨线压制指的是股价在运行过程中，尤其是处于盘整和下跌阶段中时，长时间受到布林中轨线的压制，导致股价难以向上突破，造成股价形成长期盘整或是低点下滑的走势，如图6-26所示。

这样的形态属于后市消极看跌的形态，如果成交量没有给予足够的上涨动能，股价是很难有效突破中轨线，返回上涨走势的。

因此，投资者在观察到中轨线对股价形成压制，成交量也并未出现推动力加强的形态时，就需要选择合适的高点卖出持股。

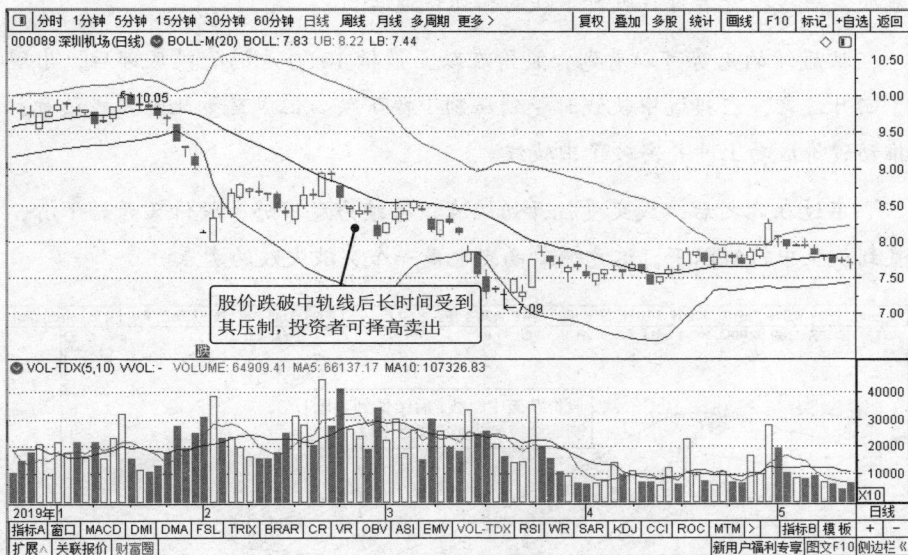

图 6-26　股价受到布林中轨线压制

下面来看一个具体的案例。

实例分析

环球印务（002799）股价受到布林中轨线压制

图 6-27 所示是环球印务 2021 年 8 月到 2022 年 1 月的 K 线图。

从 K 线图中可以看到，环球印务正处于一段下跌之中。在 8 月期间，股价还在相对高位保持上涨，直到进入 9 月后，股价快速拐头下跌，并跌穿了布林中轨线的支撑。

在跌破中轨线后，股价一路下滑，较快的跌速导致股价很快跌破了下轨线，运行到了布林通道以外。不过布林通道的限制性还是比较强的，股价在数日后就回到了通道内，并在 12.00 元价位线附近进行横向整理。

股价在盘整的过程中，布林中轨线还在快速下滑，很快接近了横向运行的股价。原本横向震荡的股价在遇到中轨线后受到强力压制，不得不拐头向下跌去，反映出市场的弱势状态。此时成交量也没有大幅放量的迹象，后市看跌，短线投资者可在股价下跌的初始快速卖出。

从后续的走势可以看到，股价在跌至最低 10.30 元的阶段底部后，出现了回升迹象，在接近中轨线时受到压制小幅下跌。但成交量此时积极放量，推动股价成功上冲并突破了中轨线。

不过在此之后，成交量就开始缩减，持续力度不够，股价又开始下滑，直到跌至中轨线以下，这意味着高点也是一个突破失败的卖点。

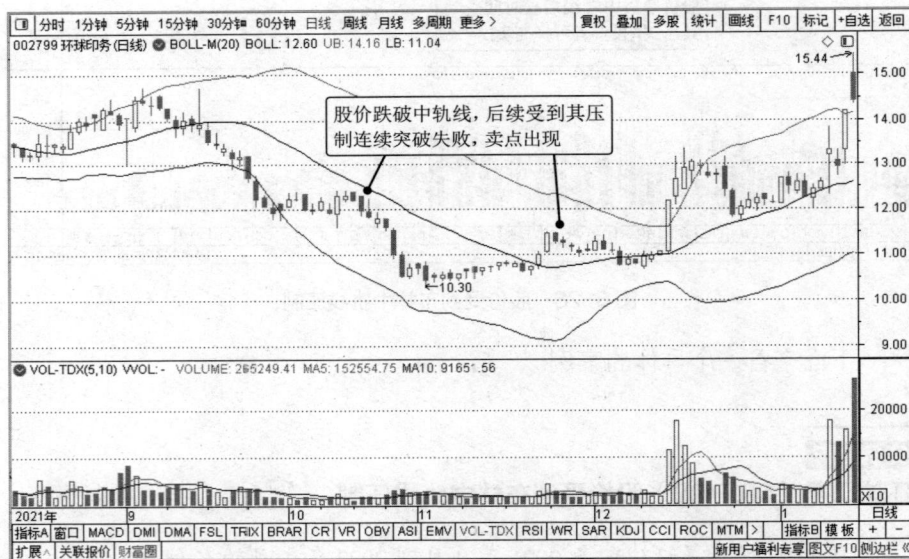

图 6-27　环球印务 2021 年 8 月到 2022 年 1 月的 K 线图